# 基于学情的本真数学教学

唐少雄 著

福建省第二届小学名师培养丛书

海峡出版发行集团
THE STRAITS PUBLISHING & DISTRIBUTING GROUP
福建教育出版社

**图书在版编目（CIP）数据**

基于学情的本真数学教学 / 唐少雄著. 一福州：福建教育出版社，2020.12（2022.1 重印）
（福建省第二届小学名师培养丛书）
ISBN 978-7-5334-8902-1

Ⅰ. ①基… Ⅱ. ①唐… Ⅲ. ①小学数学课一教学研究 Ⅳ. ①G623.502

中国版本图书馆 CIP 数据核字（2020）第 213184 号

福建省第二届小学名师培养丛书
Jiyu Xueqing De Benzhen Shuxue Jiaoxue
**基于学情的本真数学教学**
唐少雄 著

---

**出版发行** 福建教育出版社
（福州市梦山路 27 号 邮编：350025 网址：www.fep.com.cn
编辑部电话：0591-83726908 83727542
发行部电话：0591-83721876 87115073 010-62027445）
**出 版 人** 江金辉
**印　　刷** 北京一鑫印务有限责任公司
（北京市顺义区北务镇政府西 200 米 邮编：101300）
**开　　本** 710 毫米×1000 毫米 1/16
**印　　张** 12.5
**字　　数** 198 千字
**版　　次** 2020 年 12 月第 1 版 2022 年 1 月第 2 次印刷
**书　　号** ISBN 978-7-5334-8902-1
**定　　价** 30.00 元

---

**总 序**

# 教学主张：教师从优秀走向卓越的专业生长点

教学主张是名师教学的内核和品牌，缺乏教学主张，或者教学主张不鲜明、不坚定，就称不上是真正意义上的名师。无论是名师个体的自我成长还是名师工程的定向培养，主张的提出是关键（前提），主张的研究是核心（中心）。

教学主张是名师的教学思想、教学信念。思想来自于思考，优秀教师在教学实践活动中都会自觉不自觉、有意无意地对相关问题进行思考，并在此基础上产生或形成对教学的一些看法、想法、念头、观点，我们将其统称为教学思考。这些思考不乏是有价值的见解，但总体而言，是相对零散，不够系统的；是相对浅层，不够深度的；是相对模糊，不够清晰的。只有经过理性加工和自我孵化，教学思考才能提升和发展成为教学思想。教学思想是教师对教学问题的系统的、深刻的、清晰的思考和见解，它具有稳定性和统领性。稳定性意味着思想一旦形成，不容易改变；统领性指的是对教学行为的影响力，行为是由思想而生的。

教学主张是名师的“个人理论”，它来自实践又高于实践。理论来自实践，优秀教师在教学实践活动中都会形成和积累一些行之有效的做法、招数、策略、特点、亮点，我们将其统称为教学经验，这是真正原生态、原发性的东西。我们认为，相应的实践经验无疑是促进理论滋生的最有价值的资源，教师的个人理论一定是来自教师个人的实践和经验，但是，由实践到理论，由个人经验到个人理论，这个过程不是自发产生和实现的。名师不仅要有实践意识，而且需要有理论自觉，一方面把自己的经验，把自己的所行、所见、所闻、所得加工、提炼、升华为理论；另一方面，用先进科学的理论反思、批判、充实、引领自己的实践和经验。通过这样的双向互动，把自己的经验要素转化为充满思维和智慧含量、可资借鉴（更具有普适性和启发性）的“理论因子”，从而不断形成和完善自己关于教学的“个人理论”，这就是教学主张的内核。

总之，教学主张引领教师从教学思考走向教学思想，从教学经验走向教学理论，这是教师从优秀走向卓越从而实现自我超越的根本支点。对名师个人而言，提出教学主张就是给自己树立一面旗帜！打造一只“天眼”！大凡成功的、有影响的教学名师和流派均有自己鲜明的、独特的、坚定的教学主张，教学主张是教师走向教育家的必经之路。因此，提出教学主张不仅是名师个人成长的关键环节，也是名师工程培养名师的核心抓手。

名师不仅要敢于、善于提出教学主张，而且还要围绕教学主张系统开展研究，它主要包括以下两个方面：

一、教学主张的理论研究

这一研究类似于学者、专家的学术研究，它使名师研究区别于普通教师的所谓校本研究。理论研究的过程是理论思维的过程，是一种形而上的研究。恩格斯曾经精辟地指出：“一个民族想要站在科学的最高峰，就一刻也不能没有理论思维。”中小学名师的教学理论研究就是对自己教学主张的理论论证，它要求教师暂时搁置自己的实践和经验，在理论的高度和轨迹上进行系统和抽象的论证和阐明，从而把自己的教学主张阐明得深刻、清楚、丰富，有逻辑性、有思想性。这个过程对一线的教师是个巨大的挑战，但是名师必须接受这个挑战，并在这个挑战中实现自我突破、自我超越、自我提升，这样才能从普通教师走向教育家。

理论研究的内容和要点主要有：

1. 教学主张的概念和内涵界定。提出一个主张意味着提出一个或若干个概念，理论研究都必须从概念界定开始，概念界定也就是界定概念的内涵和外延。关于概念的界定，有必要强调两点：第一，要基于概念的本意，任何概念都有自己的本质内涵，它是在历史的过程中形成的人类共识，名师的概念解读要以此为出发点和起点。第二，要有自己的新意，名师对教学主张及其概念要是没有自己独特的见解、看法和感悟，那么这个主张及其研究就没有多大的价值和意义。名师一定要善于从不同角度和方面去挖掘、揭示和阐述概念的内涵，这是把教学主张写得丰满和厚实的逻辑前提。

2. 教学主张的理论基础和依据。理论基础是某种主张、某种观点立论的理论依据。任何新主张、新观点都不可能是凭空产生的。名师的教学主张、观点，它的提出和发展同样有其理论基础。教师在提出教学主张的同时，一定要从哲学、认识论、心理学、教育学等学科去寻找其立论的依据。关于理论基础与教学主张的关系，我们要特别强调“有机性”三个字。有机性指两者之间的关系是内在的，不是外加的，就像地基与房屋的联系是一体的而不是拼凑的一样。名师一定要把教学主张的最直接的最核心的理论基础找出来、挖出来，务求准确、简洁、到位，并把两者的内在的逻辑联系揭示清楚，使其成为一个有机的理论体系。

3. 教学主张的具体观点和内容。这是名师研究的中心任务。概念界定和理论基础的寻找只是研究的前奏和起点，教学主张的观点和内容的展开才是研究的重头戏。教师一定要根据教学主张研究的主题、概念内涵和理论基础，从学科教育教学的不同方面和角度去挖掘、构建、提炼教学主张的核心要点，并加以系统阐述，使其成为一个结构和体系。所谓“横看成岭侧成峰，远近高低各不同”，对一个问题要从尽可能多的角度去思考，才能认识更全面、更透彻、更有新意。

二、教学主张的实践研究

这一研究本质上就是中小学教师的行动研究，它使名师研究区别于专家、学者的所谓学术研究。实践研究就是行动研究，是一种形而下的研究。

名师的实践研究的主要内容包括：

1. 教学主张的教材化研究——使教学主张有根有源。教学主张作为名师思想和智慧的结晶，是名师钻研和解读教材的独特视角，是名师发现、挖掘教材新意的探测器。正如尼采所说：有各式各样的“眼睛”，因而有各式各样的“真理”。名师要用主张来统领、解读教材，这是给教材注入、渗透主张、思想、智慧的过程，使教材个性化、生命化；与此同时，不断从教材中挖掘和提炼出体现和反映教学主张的内容和意义出来，使主张变得厚重、丰富，有根有源。

2. 教学主张的教学化研究——使教学主张看得见、摸得着。教学主张不仅要进入教材，还要进入教学。教学主张的教学化研究，简单的说就是要用教学主张作为教学的导向，并将其融入教学实践的每一个“毛孔”，使名师的教学活动“烙上”自己的思想和个性，进而形成自己的风格。著名特级教师于漪说的好：“教出自己个性的时候，才是学生收获最大的时候。”而教出风格的时候，才是名师成熟的时候。

3. 教学主张的人格化研究——使教学主张名师化、精神化。教学主张不但要进入教材、进入教学，还要进入教师本人，成为教师人格的一部分和特征。名师的主张不仅通过教材、教学表现出来，还要通过名师自己的生活和为人表现出来，这样才更令人信服。

三年来，我们坚定地要求和不遗余力地指导名师培养人选提炼教学主张并围绕教学主张开展深度的研究，这是我们名师培养工程的主题、主线索、主工作。现在摆在我们面前的一本本专著就是这一研究的代表性成果。三年之前，不仅学员，就连我们名师工程的专家委员，都觉得，这是一项不可能完成的任务。名师就是要做“不可能实现的事情”。我们欣慰地看到，不少名师培养人选通过三年的刻苦努力，实现了专业发展的自我蜕变和自我超越，成为真正意义上的名师了。

作为名师培养工程的一名导师，笔者深深地感到：名师是可以培养的，而培养的法宝就是教学主张。

福建省中小学名师培养工程专家工作委员会　余文森

**自 序**

# 行走在本真路上……

1992年，怀着对小学教育的梦想与追求，我来到莆田县东峤下新小学(现为秀屿区)，开启了小学数学教学生涯。那是一个农村边远学校，我接的是毕业班数学教学，而且又是一个慢班。这对于一个青年教师来说，是机遇，是挑战，更是责任和担当。于是，我努力适应从学生到教师的角色转变。我时不时地问自己：这些农村学生需要怎么样的学习，我能给他们什么，他们还需要什么，我该如何努力……一连串的问号，陪伴我度过乡村每一个宁静的夜。我尝试从学生的需要出发，立足学生实际水平，启发他们学习、思考。慢慢地，我成了学生喜欢的唐老师，让学生真心体会到数学学习很简单。简单的数学学习，质朴而亲切，学生又学得轻松而快乐，这就是“本真数学”的雏形。

2001年，新课程改革拉开了序幕。数学课堂呈现一派生机盎然的景象，动手操作、自主探索、合作交流成了数学的三大学习方式。这一年，我有幸代表中心小学参加莆田县新世纪首届青年教师观摩研讨活动，执教《分数大小的比较》一课。我尝试以问题解决为依托，引导学生在生活情境中提出问题，再围绕问题的解决，进一步引导探索和发现，最后概括分数大小比较的方法，展现真实的数学探究之旅。之后，《数学课程标准（实验版）》颁布，数学课堂教学改革的浪潮一浪更比一浪高。但是，伴随着课程改革的不断推进，一些数学课堂出现了假性互动、刻意操作、表面热闹等现象，再次引起我对课堂现实的反思：学生到底需要怎么样的课堂？课标所倡导的三大学习方式是否每节课堂都需要？在课堂实践中学生更需要怎么样的学习方式……一个个问题引发了我对数学课堂教学中“真”的思考。

2009年初，在参加福建省小学数学“问题解决”子课题“‘自主合作—问题解决’的研究”中，课题组以“自主合作”展开专题研究，针对如何引导学生正确地“自主与合作”，如何实现合作的有效性，我们展开深入研究。我结合课题实践研究，明确提出：数学课堂教学应“立本求真，着眼发展”。这是我第一次提出“本真数学”的教育思考。我以为，数学课堂要以学生的学习为本，要引导他们经历真实的数学探究过程。同时，进一步明确了“本真数学”的研究方向，确立了本真数学教学“基于儿童需要，关注儿童视角，突出数学本质，着眼儿童发展”的教育理念。2010年，在莆田市名师工作室专题研讨活动中，我执教了《乘法分配律》一课，基于学情，从学生需要出发，以学生熟悉的长方形周长计算两种解法入手，启发对两种算法的比较，引发猜想，让学生经历“提出猜想——举例验证——引导发现”的规律探究过程，遵循学生的认知经验，引导学生经历真实的数学发现过程。通过这节课进一步明确了“本真数学”的研究方向和育人目标，奠定“本真数学”研究的理论基础。

2010年，我被确认为福建省中小学学科教学带头人培养对象，在培训期间，我一直努力探寻本真教学之路。在福建省农村骨干教师培训班上执教《角的初步认识》一课，我践行本真教育的理念，以“生活中的角——美术课的角——数学中的角”为主线，引导学生经历“角”的逐步数学化抽象过程，展现真实的“角”的建构过程，给参训学员展示“本真数学”课堂的魅力。2014年，我们成立了秀屿区小学数学教学实践共同体，以团队研修带动“本真数学”教学研究，开启团队研修新模式，从“数与代数”“图形与几何”“统计与概率”“综合与实践”四块领域进行专题研讨，引领教师专题式研修，促进教师专业化成长。

2017年，我被确定为“福建省第二届中小学教学名师培养对象”，更加坚定了“本真数学”研究的信心和决心。在福建师范大学余文森教授的指导下，提炼出“基于学情的本真数学”教学主张。这一主张的提出，明确了“本真数学”的基本内涵和研究思路，确立了以“培养全面发展的人”为核心，明确“准确把握学情、抓住数学本质、展现课堂真实”三大主题的研究方向，奠定“本真数学”教学主张的理论基础。

在“本真数学”理论构建中，我围绕基于“本”的思考和“真”的设计两方面深入探讨，从“本”的角度思考，“本”理解为本源、本质和本位；从“真”的角度设计，“真”理解为真相、真实和真情。在研读教材中，把握知识本源，理解知识真相；在数学课堂中，抓住数学本质，展现课堂真实；在育人目标上，确立素养本位，促进真情体验。在教材上，把握知识本源；在课堂中，展现学习真实；最终落实到素养本位，培养全面发展的人。

在“本真数学”实践研究中，我们2016年申报了省普教室课题“小学数学本真教学课堂研究”，2018年又申报了教育部师大课程中心课题“本真数学教学探索与实践。”一方面，我们研究本真课堂，另一方面研究教学实践，以课堂教学实践带动教育理论研究，通过课题带动本真研究，发展本真教学理论。在课堂实践中，把课题研究成果落实到数学课堂，形成本“立、启、导、悟”课堂模式；在教研过程中，从教材分析、课堂预设、学生表现三个方面进行教学设计，积极推进“本真数学”教学研究，深化本真课堂理解。

2020年，我主持完成的课题“小学‘本真数学’教学主张构建实践”荣获莆田市教学成果一等奖，“本真数学”教学主张得到了高度重视，进一步明确了数学教学研究价值与作用，以“培养全面发展的人”为育人目标，围绕“三个”主题，践行“三大”策略，追求“四个”真实，构建“本真数学”教学理论体系。这些成果在应用与推广中，也得到了省内外专家的高度肯定，所指导的课都能很好践行“本真数学”教育理念，其中郑荔花老师在福建省乡村教师素质提升工程培训班，执教了《用估算解决问题》，展现本真课堂魅力；陈少敏老师在福建省2016年小学数学课堂教学优质课观摩评选活动中，执教的《集合》一课荣获二等奖；陈红老师在福建省小学教育研究会数学分会2019年年会上，执教《倍的认识》一课，以概念教学研讨为主题，真实展现概念的形成过程。

2020年，我在福建省小学名师示范观摩活动中，通过网络直播向全国各地老师示范教学《倍的认识》一课，基于素养本位，立足互动课堂层面上，整体把握教材的呈现方式，全面践行本真数学教学理念，彰显知识的呈现过程，关注学生认知数学的过程，基于儿童数学学习的需要，展示本真数学教学主张，受到与会专家与教师的高度评价。同时，还把研究成果在各个市区进行辐射与推广，多次应邀到教育部师大课程中心、福建教育学院、莆田市教师进修学院等做本真数学专题讲座三十多场，先后四次受教育厅委托参加省名师“送教送培下乡”活动，诠释“本真”教育理论，展示“本真数学”理论价值，凸显“以人为本”的教育理念。先后撰写了17篇关于本真教学的研究论文，其中一篇在核心期刊上发表，《“本真数学”教学主张及构建实践》等四篇被人大报刊复印资料全文转载，促进教师理解本真数学内涵，提升本真理论水平。

研修促进思考，思考促进研究。路，在脚下。研究，我将持续！本真，我将一直在路上！

2020年9月10日

# 目 录

# 第一章　本真数学理论基础

## 第一节　教学主张提出的现实背景

### 一、核心素养的育人导向

党的十八大报告指出，要坚持教育优先发展，把立德树人作为教育的根本任务，培养德智体美全面发展的社会主义建设者和接班人。这是我国第一次提出“立德树人”的育人目标。2017 年 10 月 18 日，习近平又在十九大报告提出：“要全面贯彻党的教育方针，落实立德树人根本任务，发展素质教育，推进教育公平，培养德智体美全面发展的社会主义建设者和接班人。”“立德树人”是社会主义核心价值观的具体体现，是国家培养合格公民的基本要求，是教育改革的基础和方向，对当前基础教育改革具有深远的影响。小学数学教学应紧紧抓住“立德树人”这一根本任务，“立德”方面，要落实“德育为先”，把品德教育落到数学课堂实处，把德育融入具体活动情境，让学生在数学学习中得到良好的思想教育。“树人”方面，要通过具体的数学学习获得良好的发展，思维得到发展，能力得以提升，素养得到培养，对数学具有系统的逻辑和思考，能在现实生活中自觉应用数学解决问题，具有一定的创新意识和实践能力。伟大的人民教育家陶行知先生说：“千教万教教人求真，千学万学学做真人。”陶行知先生提倡“教人学做真人”，也是对育人目标提出自己的看法和理解，倡导的“真”指的就是真知识、真品格、真做人，从某种意义讲，与“立德树人”理论观点不谋而合。在数学学习上，应该要引导学生经历真实的探究过程，感悟蕴含其中的思想和方法，培养学生发现问题、提出问题的能力，分析问题、解决问题的能力，积累基本活动经验，获得解决问题的一般方法，发展解题策略，培养能独立行动、会思考的人。

2016年9月13日上午，中国学生发展核心素养研究成果发布会在北京师范大学举行。《中国学生发展核心素养》明确指出："学生发展核心素养，主要指学生应具备的，能够适应终身发展和社会发展需要的必备品格和关键能力。"这是我国第一次把发展学生核心素养作为明确的育人目标提出，是落实立德树人根本任务的一项重要举措，是适应世界教育改革的发展趋势，也是进一步提升我国教育国际竞争力的迫切需要。该成果是教育部委托北京师范大学，联合国内高校近百位专家成立课题组，历时3年完成的。以培养和发展"全面发展的人"为核心，从文化基础、自主发展、社会参与3个方面，凸显人文底蕴、科学精神、学会学习、健康生活、责任担当、实践创新6大核心素养，并通过18个基本要点具体阐述学生发展核心素养的必备品格和关键能力，对"立德树人"的育人目标做了全面的阐述和论证，确立了中国学生发展核心素养应以培养"全面发展的人"为核心。

爱因斯坦曾经说过："光用专业知识教育人是不够的，通过专业教育，他可以成为一个有用的机器，但是不能成为一个和谐发展的人。"这句话套用在数学教学上，就是通过数学教育，学生可以成为一种有用的机器，但是不能成为一个和谐发展的人。本真数学立足学生实际，注重能力的培养，基于学生的学情，引导学生在现实生活中对数学价值有所理解，对学习内容产生积极的情感体验，通过引导他们自主学习，获得良好的数学思想和数学方法，养成严谨、认真和一丝不苟的学习习惯，开发学生的想象力，培养独立思考能力。

## 二、课程标准的目标指向

《义务教育数学课程标准（2011年版）》（以下简称"2011年版课标"）明确指出：数学是"研究数量关系和空间形式的科学"。2011年版课标确立了数学的学科定位，对数学研究对象做出了明确而又清晰的界定。同时，又强调了课程内容要"反映社会的需要、数学的特点，要符合学生的认知规律"。对数学学习内容做了进一步的明确，要求立足学生的生活实际，结合他们的生活经验和现实需要，设计符合认知规律的数学探究。在"课程性质"中进一步明晰："数学课程能使学生掌握必备的基础知识和基本技能，培养学生的抽象思维和推理能力，培养学生的创新意识和实践能力，促进学生在情感、态度与价值观等方面的发展。"对培养怎么样的人，2011 年版课标明确提出"四基"和"四能"，这是对"双基"教学的补充和发展，把"问题解决"作为学生探究的基本任务，围绕"问题解决"着力培养学生发现问题、提出问题的能力，分析问题、解决问题的能力，在数学探究中，使学生获得基础知识、基本技能、基本活动经验，感悟蕴含其中的基本思想。从培养人的目标，突出数学教学要培养学生的数感、符号意识、空间观念、几何直观、数据分析观念、运算能力、推理能力和模型思想，以及适应社会发展所需要的应用意识和创新意识。

《高中数学课程标准（2017 年版）》（以下简称"2017 年版高中课标"）进一步提炼了数学抽象、逻辑推理、数学建模、直观想象、数学运算以及数据分析等六个数学学科核心素养，其核心任务就是"数学育人"，六大核心素养既是高中阶段学生的育人目标，也是基础教育阶段目标指向，应把六大核心素养作为数学教学的基本出发点和方向标，指导现阶段的课堂教学改革，这具有现实的指导意义。

本真数学教学迎合时代发展的需要，基于学情培养"全面发展的人"，关注数学教学的育人价值，注重培养学生的思维，使学生学会思考，有逻辑地思考，创造性地思考。着力学生科学精神的培养，立足于数学知识发生发展过程，遵循学生的思维规律和认知特点，从知识本源上启发思考，促进思维发展，把数学学科核心素养的培育落实在数学课堂教学中。

因此，教师在落实课标的过程中要注重观念的更新，要基于学情，遵循学生认知规律，突出数学的学科特点，理性回归数学本质属性，营造有利于学生探究的课堂氛围，培养学生独立思考、善于思考，追寻本真的数学教学之路。

## 三、数学学科的发展方向

数学学科发展经历了知识本位、能力本位、素养本位三个阶段，不同阶段对育人有着不同的价值定位，知识本位崇尚学科知识的主体性；能力本位则是从培养人的角度对学科教学提出更好的要求，突出了人能力发展的重要性；素养本位是实现从“双基”到“四基”的根本转变，是数学学科发展史上的一次飞跃，强调了育人在数学教学中的地位，凸显素养培育是数学教学的根本任务。数学是“研究数量关系和空间形式的科学”，数学学科发展特点决定了人对数学教育的需求，数学教育是以培养发展学生的数学思维为目标，并以提升学生学科素养为根本。

本真数学教学正是迎合了数学发展的学科需求，把数学课堂中那些浮华的表面去掉，归还数学教学原生态的一种教学行为。本真数学基于当前课堂教学的理性反思，摒弃一些虚饰和假性，剔除那些过分追求遥远、虚化、失真的情境，拒绝那些虚假、做作、假性的操作，排斥那些强调改变教材的呈现方式和教学内容。本真数学强调素养本位，凸显课堂教学的主体性、真实性、共生性和发展性，主要表现在：

1. 突出教材的使用价值。本真数学把研读教材作为教学的出发点和落脚点，充分挖掘数学教学的内涵，读懂教材编排的基本思路，读透教材蕴含的基本思想，读明教材内容的前后联系，充分理解教材的编排意图以及潜藏其中的思想和方法，关注数学知识发生的过程。

2. 突出知识的呈现方式。教材只是知识呈现的载体，由于学生的年龄特征和知识水平决定了学生对知识的理解和建构，应遵循他们的认知结构和思维特点，设计利于建构的呈现方式，让学生经历完整的学习探究过程。

3. 突出学生的素养地位。关注学生认知数学的过程，主动地参与教学过程，大胆质疑和积极探究，强调学习过程中师生之间、生生之间的交流互动和合作探究，让数学回归理性，回归数学本来的面目，追求原生态的数学课堂，注重学生思维的发展和素养的培养。

## 第二节　教学主张提出的理论依据

### 一、哲学倡导的自由天性

《中庸》开篇即言：天命之谓性，率性之谓道，修道之谓教。这里道出了人性的来源，即自然的禀赋，顺着本性行事就是“道”，按照“道”的原则修养就是“教”。道家主张“清静无为”“顺应天道”“逍遥齐物”等思想，老子阐述其核心思想“人法地、地法天、天法道、道法自然”，老庄哲学倡导的是一种自然教育体系，意为引导人类走向自然，回归自然，接受自然的熏陶。这是一种返璞归真的自然质性，也是顺性而为的教育思想，是本真教育的理想追求，倡导一种人与自然相亲相近、和谐共生的价值导向。

德国哲学家雅斯贝尔斯在《什么是教育》中对“本真教育”做了具体的阐释，他指出：“所谓教育，不过是人对人主体间的灵肉交流活动（尤其是老一代对年轻一代），包括知识内容的传授、生命内涵的领悟、意志行为的规范，并通过文化传递功能，将文化遗产教给年轻一代，使他们自由地生成，并启迪其自由的天性……教育是通过现存世界的全部文化导向人的灵魂觉醒之本源和根基。”雅斯贝尔斯对教育的追求是一种自然状态下的自由生成，是理想化的率性而教，这种对教育本身的描述，表达了本真教学的核心思想，即“以对人的灵魂陶冶为核心”，通过心灵的陶冶，感召上进，唤醒灵魂。

## 二、教育追求的本真状态

“生命·实践”教育学派创始人、华东师范大学教育学终身教授叶澜提出：“教育是直面人的生命、通过人的生命、为了人的生命质量的提高而进行的社会实践活动，是以人为本的社会中最体现生命关怀的一种事业。”她推崇“教天地人事，育生命自觉”的教育理念，倡导教育应遵循人和自然的各种现象与规律，注重培养学生内在自我意识发展，培养独立人格、自由天性的人。基于孩子，发展个性，培养品格，这是教育追求的本真状态，也是教育发展的理想状态。

北京师范大学资深教授顾明远先生也认为教育的本质是生命教育，核心是教育理念。他指出：“我们未来的教育应该有这样的转变——让学生自己学，自己去探索，自己去提出问题，自己去解决问题，这样才能够有创新的世界，才能培养他们创新的能力。”在传统的教育里，我们总是低估了学生的能力，实际上学生的潜在能力是很大的，要营造适合学生的理想的学习环境，让学生在自由状态中学习、思考、探究、发现。顾老先生的观点对本真数学教学具有很强的指导意义，生命教育正是基于学生的学情，遵循孩子的认知规律，抓住数学本质，从知识本源上引导学生探索与实践，在实践中尝试独立解决问题，展现学生的探究真情，培养学生的创新意识。

## 三、数学发展的理想境界

现实数学教育的奠基人弗兰登塔尔在《作为教育任务的数学》一书中指出："学生所要学习的不是作为一个封闭系统的数学，而是作为一项人类活动的数学，即从现实生活出发的数学化过程。如果需要也可以包括从数学本身出发的数学化过程……"基于数学本身，让学生尝试从数学的角度出发引导探究，进行数学化的过程，在探究过程中体验真实的数学活动，积累活动经验，感悟蕴含其中的思想和方法。同时他又指出，学一个活动最好的方法是去做，学数学的最好方法是做数学，他认为学生具有"潜在的发现能力"，学生本身的思维和行为方式已经具备了某种研究的特征，即在他们身上初步具备数学探究的可能。数学发展的理想境界就是基于自主的需要引发自主的探究。在数学学习上，教师要基于学生的学习需要，把握数学的本质，努力挖掘教材内容，追溯数学本源，引导学生构建数学模型，要把握数学方法，应用分析、推理、抽象、概括等方式引导学生进行数学探究，挖掘教材中潜在的数学思想，引导学生在数学学习中感悟、内化和提升。

江苏启东汇龙中学王晓东老师指出："本真数学教学就是尊重客观，适应规律，以人为本，教人求真。"这与建构主义理论不谋而合。建构主义认为，学习的实质是学习者积极主动地进行意义建构的过程，是学生自己建构知识的过程，是主动建构意义的过程，是根据自己的经验背景，对外部信息主动地选择、加工和处理，从而获得自己的意义。本真数学教学是基于课堂教学实际引导学生建构意义，激发学生的学习兴趣，帮助学生形成学习动机，通过创设符合教学内容要求的情境，帮助学生建构当前所学知识的意义。建构主义所倡导的观点实际上就是本真数学教学的外化和概括，是建构主义理论与教师教学实践相结合的产物，为指导本真数学教学提供理论依据。

# 第二章　本真数学育人价值

## 第一节　融入真情，培养主动建构的人

本真数学追求教学做合一，遵循学生的年龄特征，设计适合孩子建构的学习外部环境，创设有利于建构的活动情境，让孩子融入真情，基于学情展开数学探究，立足儿童本位，引导进入角色开启探究之旅，充分发挥学生在活动中的主导作用，激发学生的主动意识和探究热情，彰显探究真情，引导自主建构。

### 一、融入情境，感受真情

2011年版课标明确指出："课程内容要反映社会的需要、数学的特点，要符合学生的认知规律。"本真数学注重情境选择的必要性和适宜性，必要性指的是情境对教学的积极作用，一是创设的情境是学生现实生活中发生的人或事，具有一定的真实性；二是蕴含便于探究发现的数学知识，帮助学生进行有效数学建构。适宜性是指不刻意为情境而情境，不牵强不苟且，应根据学生的年龄特征和建构需要，低年级可以创设卡通、童话类的虚拟情境，让孩子走进童话世界真情感受童话世界的美好愿景，真情体验童话世界里的数学问题；中年级可以选择一些校园生活或者孩子身边现实的有意义的问题情境，内容的选择要贴近学生的实际，有利于学生体验与理解，感受数学与生活的联系，体会数学的应用价值和实践需要；高年级则要选择那些现实的富有挑战性的数学问题，以问题的解决为探索起点，启发学生思考与探索，体会生活。

## 二、融入活动，主动探究

数学是一门以探究为主的基础性学科，注重学生主动探究意识的培养，力求通过学生自主探索进行数学建构。为此，教师应尊重学生的主体意愿，让他们真情融入活动，激发学生的探究意识，诱发他们根据问题解决的需要尝试自己探索，在探索中积累基本活动经验，感悟蕴含其中的思想与方法。融入活动，就是要求学生真情融入探究过程，教师不要刻意提供过多的操作素材，应启发学生自主选择材料，与同伴合作围绕问题的解决设计探究方案，注重探究意识的培养，启发思考，引导探究，经历整个探究过程。

## 三、融入互动，真情建构

数学教学的本质决定了课堂探究的真实，真实的数学课堂应该是理性的，有一定思维含量的，数学本质要求数学课堂培养和训练学生的数学思维，在数学探究的基础上引导学生互动交流，融入真实的课堂辩论，要允许学生有自己的看法和观点，可以赞同支持别人的观点，可以对别人的观点进行修正和补充，也可以否定别人的观点，提出自己不同的看法，还可以从反向举例进行反驳等等。互动的课堂加深学生对数学本质的理解和把握，更对数学概念的建构、数学模型的探究以及对数学规律（性质）的发现和概括有更清晰的认识，从而从整体上把握知识、建构知识，准确把握数学基本概念，在基本概念的建构过程中发展学生的数学思维，形成良好的数学思想，展现真实的认知结构。

本真数学追求真正意义的数学探究，唤起学生的主体意识和探究欲望，要让学生真情融入课堂，融入具体的生活情境，在情境中理解数学与生活的联系，抽象出数学问题，围绕问题的解决展开探究，要启发学生真情融入数学探究过程，真实经历知识探究过程，真实展现学生的认知过程，引导学生对探究的结果比较、辨析、概括和发现，实现真正意义的数学理解，让学习真正发生，让学生真正建构。

# 第二节　展现真实，培养合作创新的人

“知识本源”强调了数学学习中知识本源的重要性，只有抓住了知识的本源，才能找到学习的真实起点，才能引导学生从本源上理解数学，把握数学本质，引导合作探究，展现学生真实，培养学生的创新意识和实践能力。

## 一、着眼本源，展现真实

小学数学教材内容一般以生活引入，展现真实的活动情境，让学生体会数学与生活的联系，但对其中数学知识的本源、前后知识联系以及应用价值等则需要教师有效挖掘与沟通。着眼本源，就是要充分挖掘知识背后的本源性知识，引导学生从知识本源上理解知识、探究知识、拓展知识，沟通数学与生活经验的联系、数学前后知识的联系、数学与应用的联系等，完善数学知识体系。展现真实，就是要在整个认知探究过程中，随时把控学生的真实经验、真实体验、真实建构，以及在探究过程中所表现出来的情感、态度、价值观念等，教师要基于学情，准确把握学生的前经验，真实展现学生的真认知，激发探究欲，引导真建构。

## 二、关注经验，真实合作

在数学探究中，教师应充分关注学生的已有知识经验，要善于激活并利用学生的生活经验，实现探究经验正迁移。同时，也要注重积累基本活动经验，学生在探究中往往会遇到新问题，首先要借助已有的经验解决，当旧经验不能解决时，则需要用其他的方法或策略尝试解决，产生新经验。在探究新经验的过程中，学生需要借助“思考—探索—反思”的过程，有时候还要经过“新思考—新探索—新反思”的过程，他们会不断调整和尝试解决问题的方案，在“思考—探索—反思”的过程中，积累基本的实践活动经验和思维活动经验。真正的数学探究还必须是合作的探究，数学学习中的学生不单单是学习个体，更是合作探究的群体。因此，数学要创设有利于探究的合作小组，充分发挥小组的智慧合作探究，让学生围绕问题的解决学会合作，真实参与合作探究，在合作中交流各自观点，在合作中表达探究思考，在合作中领悟获取知识的方法，在合作中交流自己的发现。在自主探究与合作交流中，培养会合作的人。

## 三、立足发展，激发创新

数学学习的真正意义是培养和发展学生的创造性思维，“培养全面发展的人”和发展学生核心素养的出发点和归宿。数学教学应立足学生发展，在数学学习探究活动中，培养学生的主体性和实践性，充分发挥学生的知识和能力，展现真实的数学探究，让他们在探究中启发思考，引领思考，促进思考，从而从本源上把握真实起点，引导学生经历真实的探究过程和认知过程，启发学生数学地思考，在合作探究的基础上激发学生的创造性思维，透过学生的真情理解知识的本源，通过合作促进积极思考，激发思考，深化探究，培养创新意识和实践能力，做一个合作创新的人。

## 第三节　探究真相，培养独立思考的人

本真数学教学注重培养学生多渠道获取知识的能力，学会自主搜集信息、合作探究数学知识，引导学生探究知识的真相，展现真实的数学探究。在探究知识真相时，可以通过课前预习、课中自学和课后研学三个阶段进行。课前预习时，应启发学生阅读书本知识，初步理解知识的呈现方式；课中自学重点引导学生理解获取知识的方法和途径，把握一般的探究方法；课后研学则是拓宽数学阅读，让学生在理解知识的基础上主动提出问题、主动探究、主动学习，把握数学本质，探究知识真相。

### 一、课前预习，以学激思

课前预习是教学的基础，是探究的前提。通过预习对所要学习的知识有一定的了解，沟通知识与经验之间的联系，为探究知识真相提供知识基础、经验启示和方法迁移。课前预习侧重于学生个体对学习内容的自我习得和个性理解，以预习激发学生数学思考，以自学激发思考知识的呈现方式、知识的探究起点和知识承载的数学思想。通过课前预习，让学生在初步理解的基础上，进一步探究知识的本源，找到知识的生长点，把握知识与经验的连接点，初步确立知识的结构点，在预习中启发思考，带着任务预习，把握数学的本质，找准学习的真实起点，从本源上理解数学，整体把握知识真相，养成独立思考的习惯，学会数学地思考，培养学生良好的数学阅读能力。

### 二、课中自学，以问导思

数学教学中，思考应贯穿教学的全过程，是教学出发点，也是教学的落

脚点。课中自学是在教师指导下，有针对性、导向性的数学阅读，注重引导学生在阅读理解的基础上，经历真实的探究过程，关注学生的思考过程和认知过程。自学前，要充分做好问题的设计，通过设计有目标指向性的问题，重在以问导思，引导学生带着任务自学，带着问题阅读，在阅读中思考，培养学生创造性思维的发展，体现思考是数学教学之真。这里的问题设计应注意两点：一是问题的导向性，问题能对学生阅读有帮助，能促进学生在阅读中思考；二是问题的有效性，问题能有效指向数学本质，围绕数学的基本概念、法则、规律和数量关系等进行课本阅读，突出教学重难点，在基本概念的建构中发展学生的数学思维，帮助学生有效理解概念、发展思维，在自学中把握和建构知识，感悟数学思想。

### 三、课后研学，以疑促思

课后研学是最高层次的思考，在课堂理解的基础上，允许学生课后多渠道搜集相关知识，阅读相关课外书籍，网络查询相关内容，体验获取知识的方法的多元性，从而对知识有更深的认知和理解，体会数学知识的实践意义与应用价值。课后研学更突出了知识的延伸性，以疑促思是高层次的思维方式，让学生带着问题走出课堂，带着问题走向新的数学探究，在课外寻找新的探究点，促进新的数学思考。这种研学是个体主动性的表现，是建立在理解基础上的新疑问和新思考，带着疑问和思考进行研究性学习，进一步培养和训练学生良好的思维习惯。同时，把学生的思考从课内向课外延伸，深化知识后续的研究方向，便于学生整体把握知识真相，深刻理解数学知识，拓宽学生数学思维。

数学探究不是科学家研究知识的重现，也不等同于科学探究，它是一种模仿性的真实探究，更是一种体验式的尝试探究，重在通过学生的主体性思维引发数学探究，其目的就是探究数学真相，还原数学真相，把握数学本质，深化对知识的理解，促进思维的发展，通过数学探究培养学生良好的思维品质。

## 第四节　立本求真，培养全面发展的人

本真数学确立“立德树人”的育人导向，践行素养本位的教学理念，突

出素养本位。力求通过真实的数学阅读，促进学生的数学思考，学会数学探究，在探究中积累基本活动经验，感悟蕴含其中的数学思想，发展学生的能力，培养全面发展的人。

## 一、问题引领，启发思考

本真数学通常以问题为载体，通过设计现实有意义的数学问题，使数学知识蕴含其中，让学生围绕问题的解决展开探究。因此，在问题设计方面，应选择贴近学生生活实际的、有价值的、能激发学生探究欲望的问题，要根据不同阶段学生的年龄特征，创设适合探究的问题，这些问题能引起学生的数学思考，激发他们从数学的角度发现和提出数学问题，这里的数学问题应该是学生没遇到的，或者遇到却不能用旧知解决的，这样的问题才是有挑战性的问题。同时，这些富有挑战性的问题，学生能借助已有的知识和经验自主探索，教师应适当启发学生思考，让他们通过思考，沟通新旧知识的联系，借助已有的知识经验，尝试独立思考、自主探究，培养学生的问题意识，发展应用意识。

## 二、综合应用，实践创新

现实生活中，数学知识往往蕴含在一定的复杂情境中，而且不带有具体描述性和形象性，这就需要进行数学抽象，需要用数学的眼光发现问题和提出问题。因此，本真数学追求知识的综合应用，培养和发展学生的综合应用能力，能用所学的数学知识解决生活中纷繁复杂的情境中抽象的数学问题。在解决具体问题时，还要不拘于固有的解题思路，不拘于单向的思维形式，更不拘于单纯的数学应用，而要从解决问题的实际需要出发，充分借助已有的知识、技能、经验、方法和素养，从不同的角度进行思考，培养学生分析问题、解决问题的能力，在实际应用中培养和发展实践能力和创新意识。

## 三、素养本位，全面发展

本真数学确立“立德树人”的育人价值，重在发展学生的核心素养，突出素养本位。从知识本位到能力本位，再到素养本位，体现了本真数学育人导向的转向。立本求真，立的是素养为本，突出素养在当前课程改革的指导思想。求真，就是要真正落实到课堂实践上，落实到育人价值上，这就要把握好本真数学的基本内涵，从“教材—课堂—学生”三位一体的基本框架，基于教材，挖掘知识本源，理解知识真相；基于课堂，把握数学本质，展现课堂真实；基于学生，立足素养本位，展现学生真情。围绕学会阅读、学会思考、学会表达，关注学习过程中学生的主动阅读、主动探究、主动思考、主动表达，立足阅读基础上的理解和探究，关注数学知识发生的过程，展现真实的探究过程和认知过程，培养主动建构、独立思考、合作创新的人。在“立德树人”的价值引领下，树立课程意识，确立学生的素养本位，彰显本真数学的教学魅力，展现数学的真实探究和学生的真情表现，激发学生的探究欲和表现力，提高他们的主动参与意识和实践能力，培养全面发展的人。

# 第三章　本真数学教学主张

## 第一节　本真数学教学的基本内涵

基于学情的“本真数学”是一个基于教师理解儿童、儿童理解数学、数学适应儿童的教与学的互动课堂，是一个绿色的原生态纯自然的智慧课堂，是一种追求自然状态下数学教学的新思考。“本真数学”是课堂教学的真实反映，是在教师充分尊重教材内容的基础上，遵循学生学习心理和数学教学规律的一种教学理念，教师应注重引导学生对数学规律的自主探索与发现，尊重探究的客观事实，遵循数学的客观规律，着眼学生现实需要，立足课堂实际，以人为本，教人求真。

“基于学情”是本真数学教学的理论基础，也是数学教学的基本出发点。这里的“学情”包含三层含义：一是学习起点。即学习之初，应把握学生学习起点，他们已经会了什么，哪些是他们的探究基础，需要怎么样的铺垫等等，教师应在尊重理解教材的基础上，从知识结构的承续、教材呈现的方式进行分析，了解并把握学生的基本情况，设计能激发学生探究欲的学习情境，要在情境中蕴含必要的复习铺垫和基本训练；二是思维起点。数学学习的过程是思维活动经验积累的过程，更是思维品质形成和发展的过程，本真数学注重学生的思维培养，“基于学情”就是要把握学生真实的思维起点，要综合考虑学生已有的知识储备、探究基础和活动经验等，关注学生的年龄特征和思维习惯，着眼良好思维的培养和发展；三是能力起点。学习新知前学生已经具备哪些能力，是否具备探究新知的基本能力，有没有主动探究的意识，能否围绕问题的解决寻找方法和策略等，能力起点是“学情”的重要因素，要充分把控学生的能力起点，要充分预估学生探究新知的基本能力，相信学生能借助已有的能力自己解决问题，在必要处给予启发和点拨，可以是情境中蕴含的能力支撑点，也可以是探究中的能力生长点，还可以是总结时的能力展示点。

“本真”一词，来自汉语词典的解释“本源，真相，本来面目”。照这样的解释，本真数学就是探究知识的本源，理解数学的真相，还数学本来的面目。数学的本来面目是什么？2011年版课标明确指出：“数学是研究数量关系和空间形式的科学。”“数量关系”和“空间形式”是数学研究的两个基本点，而贯穿其中的是数学的理性思维和基本思想。数学的学科性质也明确了“数学课程能使学生掌握必备的基础知识和基本技能，培养学生的抽象思维和推理能力，培养学生的创新意识和实践能力，促进学生在情感、态度与价值观等方面的发展”。因此，数学学科本来的面目就应该是通过教学使学生掌握基础知识和基本技能，培养抽象思维和推理能力，培养创新意识和实践能力。

“本真数学”的内涵可以从“本”和“真”两个方面进一步理解，这里的“本”可以理解为本源、本质、本位。“本源”指的是知识本源，即要找准知识的生长点，探寻知识的连接点，体会知识的结构点，弄清知识的来龙去脉，使学生“知其然，更知其所以然”；“本质”指的是抓住数学本质，包括理解数学概念、把握数学思想、发展数学思维等；“本位”指的是素养本位，突出核心素养的重要的地位，围绕核心素养的培养、发展和落实，实现从知识本位到素养本位的转向，实现有效的数学探究和知识建构，促进培养全面发展的人。这里的“真”可以理解为真相、真实、真情。“真相”指的是数学真相，还原知识呈现方式，经历知识的发生发展过程，形成知识结构，实现真正意义上的知识建构；“真实”指的是课堂真实，课堂真实反映了学生的探究过程，真实展现学生的思考过程，真实记录学生的思维发展，营造良好的学习氛围，让学习真正发生；“真情”指的是学生真情，即把握学生的学习起点，激发学生的活动经验，关注学生的动态生成，引导经历数学探究的过程，感悟数学的内在规律，体验数学学习的乐趣。

从知识到素养本位是教育改革的趋势，也是育人模式的导向。基于学情的“本真数学”强调了素养本位，确立了“一个中心、两个关注、三个读懂”的理论体系。“一个中心”即以“培养全面发展的人”为中心；“两个关注”

即关注数学知识发生的过程，关注认知数学的过程；三个读懂就是读懂数学、读懂课堂、读懂学生。本真数学强调树立课程意识，要求在充分调研学情的基础上，读懂教材、读懂课堂、读懂学生，注重借助学生已有的知识和经验，抓住数学本质引导学生探究，关注知识发生过程和学生的认知过程，注重培养发展学生的数学思维，培养学生良好的思维品质，培养全面发展的人。

## 第二节　本真数学教学的内在联系

“本真数学”的“本”与“真”不是截然分开的，而是密切联系的统一体。它的基本内涵从“本”和“真”两个方面阐释，包括挖掘教材内容，把握数学本质，展现课堂真实三个方面。“本”是静态的呈现，“真”是动态的生成。落实在数学课堂上，要基于素养本位，立足互动课堂层面上，整体把握教材的呈现方式，关注数学知识发生的过程，基于儿童数学学习的需要，彰显知识的呈现过程，关注学生认知数学的过程。因此，本真是数学学习之基，是基于学生的学，基于学习的真，基于课堂的实，基于真实课堂的真实建构的数学教学。

### 一、知识本源与数学真相的关系

“知识本源”强调了数学学习上本源的重要性，它是“数学真相”的学习起点和探究基础，从本源上把握知识的生长点、连接点和结构点，挖掘知识本源是为了更好地探究数学的真相。有效地挖掘知识本源，可以从生活中寻找知识的生长点，有效沟通数学与生活的联系；也可以从前经验中寻找知识的连接点，激活学生的探究经验，连通经验与数学的联系；还可以从前知识中寻找知识的结构点，帮助学生完整建构知识体系，打通数学内部之间的联系。因此，教师在研读教材时，要不断地思考：所学知识的本源是什么？生活中学生已经接触过没？如果是第一次接触的知识，则要追问：该知识的生活原型是什么，学生对知识的前经验是什么，学生的认知起点是什么，等等；如果是已经接触多次的知识，则要追问：学生已经学了什么，当初是怎么学的，已有的知识和技能对本课的学习有什么可借鉴的，等等。

挖掘“知识本源”就是要找到学生的学习起点，就是要把握好建构基础，就是要沟通数学学科内部知识的联系，为探究数学真相打好基础。凸显“知识与技能”的目标，紧紧抓住了知识的本源，才能找到学习的真实起点，才能从本源上理解数学，有意识地引导学生揭示数学真相，还原真实知识的呈现过程，展现真实的数学，剖析数学内部的结构，引导学生经历知识的发生发展过程，经历知识的探究过程，形成完整的知识结构，实现真正意义的数学探索。

## 二、数学本质与课堂真实的关系

“数学本质”是数学教学的灵魂，数学课堂应抓住数学本质，培养和训练学生的数学思维，准确把握数学基本概念、法则、规律和数量关系。在数学探究中，教师要处理好数学本质与课堂真实之间的关系，能围绕数学本质展开真实的数学探究，整个数学学习过程是一个概念、法则等探究和建构的过程。所以，可以说“数学本质”决定并影响了“课堂真实”。这里的“课堂真实”包括真实的数学探究过程、真实的学生认知过程和真实的知识建构过程。真实的数学探究过程是基于学情的自主探究，教师要关注学生探究过程中遇到的困难和疑惑，适时地加以指导与点拨，帮助学生分析与理解，而不是过分地代劳和包办，要让学生真实经历探究过程，经历知识的形成和建构过程；真实的学生认知过程是学生能借助自己的已有经验理解知识，在经历知识形成过程中，能借助已有的知识基础和探究经验建立新的认知，丰富自己的数学认知，获取新的知识；真实的知识建构是在探究活动经验基础上尝试个性化理解新知，经历真实的学习过程，实现新的数学建构，是一种建立在自主探究基础上的自我建构。

“课堂真实”要让学生从准确把握“数学本质”出发，凸显“过程与方法”的目标，让学生经历真实的探究过程，关注他们的思考过程和认知过程，注重培养学生思维的发展，在基本概念的建构过程中发展学生的数学思维，帮助学生理解概念、发展思维、感悟思想，培养和发展核心素养，展现真实的数学认知，实现真正的数学建构。

## 三、素养本位与学生真情的关系

“素养本位”突出了小学数学教学的育人目标，确立了学习的根本任务和育人导向。本真数学把落实核心素养渗透到学习的全过程，突出素养本位的育人价值，在落实素养本位时，注意处理好素养本位与学生真情的关系，关注学生的学习真情。这里的“学习真情”就是三维目标中提出的“情感、态度与价值观”，学生在数学学习中自然流露并表现出来的情感与态度，显示出由内而外的学习自信和探究热情，是素养本位的基础和关键，他们对数学学习的积极情感体验是数学探究价值的外显和表现，是素养本位的核心和保证。

数学课堂应更多地关注学习过程中学生的主动探究、主动思考、主动反思，让学生经历真探索，形成真结构。基于学情，才能展现“学生真情”，立足生本，才能凸显“素养本位”。在数学学习中，教师要随时关注学生的活动真情，适时调整教学过程和教学行为，要关注学生的活动形式和思维过程，设计适合学生探究的活动情境和活动形式，让学生主动参与探究全过程。激发活动经验，关注动态生成，让学生能在积极、主动、生成、动态的课堂中，充分表达自己的观点，展示自己的潜能，激发主动应用的意识和合作创新意识。

## 第三节 本真数学教学的基本框架

“本真数学”从“本”与“真”两个方面展开，一方面基于“本”的思考，另一方面基于“真”的设计，使“本”与“真”两者相通、相融、相依，构成本真数学教学的两个基点。这里的“本”包括知识本源、数学本质、学生本位，可以说，“本”是数学教学之根。这里的“真”包括知识真相、课堂真实、学生真情，“真”是数学探究之魂。“本”与“真”相互关联，融成一体。其研究主体包括知识、课堂和学生，这三者又是一脉相承的，指向研究学生在本真状态下的课堂学习知识状况。从知识层面理解，是“知识本源”与“知识真相”需要有效沟通，研究知识的来源、内涵、结构和呈现形式；从课堂层面理解，是“数学本质”与“课堂真实”的有效落实，研究真实课堂环境下对数学本质的理解、把握和建构；从学生层面理解，“素养本位”与“学生真情”的有效沟通，是具体活动情境中学生的真情体验，在学习探究活动中培养和发展学生的核心素养。因此，从某种意义上讲，“本”亦是“真”，“真”即是“本”，“本”是“真”的基础，以学科发展为本，“真”是“本”

的关键，以数学探究为真，两者相互融合，浑然一体，构成本真数学教育体系。

“本”和“真”是本真数学的两个基点，合二为一，形成本真数学的一体两翼，教材、课堂和学生是实施本真数学的三个基本要素，它们之间相互作用、互为因果，展示本真数学的基本内涵，形成本真数学教学理论的基本框架（如下图）。

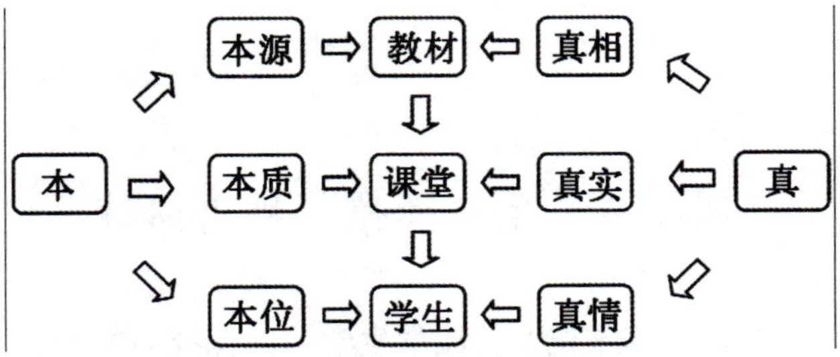


在研究教材方面，凸显“知识与技能”维度目标，关注教材所承载的知识、技能与数学思想，本真数学要求从本源上挖掘知识的内涵，还要打通数学内部的联系，把握知识的来龙去脉，帮助学生理解完整的知识体系。这就要求教师整体把握教材，沟通知识前后的内在联系，挖掘隐藏其中的数学思想方法，要基于教材的研读，设计着眼学生建构的知识呈现方式，展现知识的发生发展过程，实现有意义、有价值的数学建构。

在课堂探究方面，凸显“过程与方法”维度目标，围绕真正的数学建构，注重突出数学本质，基于学生的知识基础和认知经验，追求课堂真实，引导学生经历知识探究过程和数学认知过程，在获取知识的同时，经历真实的数学探究，积累基本活动经验，启发学生的数学思考，培养和发展良好的数学思维。

在学生发展方面，凸显“情感、态度和价值观”维度目标，以核心素养的践行和落实作为教学的重要目标，激发学生积极的情感体验，培养正确的学习态度、行为和习惯，在数学活动中勇于探索，勤于实践，真情融入数学探究活动，培养和发展学生终身受用的能力和品格，树立正确的学习观和价值观。

# 第四章 本真数学教学策略

## 第一节 基于学情，提出问题

“本真数学”立足素养本位，关注学生学习的探究与发现，关注学情，找准学生的最近发展区，找到知识的连接点，注重培养学生的问题意识，让学生能从具体的情境中发现并提出数学问题；要培养学生的数学阅读能力，能从问题情境中读懂数学信息，提出有价值的数学问题；要关注学生的思维起点，鼓励学生结合自己的理解，从不同的角度提出相关的数学问题。立足生本，让学生学会多角度的表达方式，力求从数学角度搜集信息、理解知识、抽象关系，呈现个性的表达方式。

### 一、激活本源，从生长处提出问题

“知识本源”是数学探究的开始，也是数学学习的基础，更是数学问题的心脏。“知识本源”呈现问题的最初最真的状态，往往只是现实生活的一部分，只是简单的生活情境，或许不被发现，或许唯有用数学的眼光才能发现。但只有把握了知识本源，才能找到问题的生长点，衍生“数学问题”，就如爱因斯坦所言：“提出一个问题往往比解决一个问题更重要。”的确，着眼知识本源，利用并激活本源，充分

利用学生好奇的心理诱发思考，从数学的角度提出问题。如在学习“小数的初步认识”一课，由于此前在生活中见过小数，如商场中的商品标价上有小数，可口可乐瓶上 1.25 升是小数，自动笔的笔芯 0.5 毫米是小数，测量体温 36.6℃也是小数，就连身高 1.2 米也是小数等等，像这样的小数在当今商品经济社会中随处可见，熟视而无睹。像这样，便是小数的知识本源。在教学本课时，教师应充分激活本源，可以让这些熟视无睹的静态的本源性知识绽放出问题的生长点，如通过走进商场识别商品的标价，再让学生回忆生活中类似的数。走进商场识别“小数”，是一种有意识地唤起学生对“小数”类的发现，回忆生活中的“小数”，是一种经验的唤起和激活，让学生结合自己的生活经验初步认识小数。在此基础上，引导学生根据具体情境提出问题：为什么用小数表示，小数的意义是什么，小数与整数有什么关系，小数与分数有什么关系，什么时候用小数表示，为什么要学习小数等等。从本源处把握学习起点，从生长处提出问题，让问题自然而来，让数学本真研究，彰显本真数学的自然属性，还数学本来面目。

## 二、把握学情，从衔接处提出问题

学情，广义上指的是学生学习之初的基本情况，狭义上指的是学生学习新知的必备基础。把握学情，就是要准确定位探究新知所必需的学习基础，不但要弄清楚学生已经会了什么，而且还要弄清楚可能还会什么；不但要把握之前已经学了什么，而且还要获取他们已有的生活经验；不但要预估他们的知识储备，而且还要了解他们的基本经验等等。教师要充分把握学情，在旧知与新知衔接处启发学生思考，引导学生提出有价值的数学问题。如在教学“小数的意义”一课时，由于学生已经对小数有了初步认识，能结合生活经验初步理解小数的意义，但他们对小数意义的理解仅仅停留在“像 3.45、0.85、2.60、36.6、1.2 和 1.5 这样的数叫作小数”上，也就是说学生对小数的认识还只是感性的经验认识。为

在进行测量和计算时，往往不能正好得到整数的结果，这时也常用小数来表示。

此，教师要在具体的活动情境中，有效启发学生思考，在衔接处引导学生发现并提出数学问题，如为什么要用小数表示？这样表示对吗，为什么？跟整数、分数之间有什么联系？小数的意义是什么？通过学生问题的提出，充分把握学情，有效衔接新旧知识的联系，在初步认识的基础上对小数的意义有了更深层次的理解，从数学知识内部进行建构，进一步完善学生的认知，建立完善的小数意义。

## 三、关注生本，从经验处提出问题

本真数学基于学情，立足学情，追求一种生态环境下学生的个性发展。把“培养全面发展的人”落实到本真数学课堂，以人为本，立德树人。关注生本，把生本作为教学的基本出发点和归宿，突出学生在教学中的主体地位，营造自然状态下的生本课堂真实“简单的小数加、减法”，由于学生已经学会了整数加减法，掌握整数加减法的计算方法，积累整数加、减法算理探索和算法概括的基本经验。同时，前面又刚刚接触了小数的初步认识，能结合生活经验初步理解小数的意义，这些都是本节课的基本学情，是学生探究的基础。关注生本，就要从旧知经验处引发思考，8 角加 6 角等于多少，8 角减 6 角等于多少，这两个问题学生根据他们的生活经验可以直接口算，但这仅仅停留在生活处，停留在经验处。本真数学要实现从生活到数学的抽象，更要实现从数学到数学内部间的推理，以生为本，把握基本学情，从经验处提出问题：根据问题情境列出关于小数的加、减法算式，并尝试自己列竖式计算。于经验处提出简单的小数加、减法竖式计算，唤起学生整数计算的算理探究和算法概括，是迁移，更是推理，是一种从经验到实践的方法提升和思维发展。

# 第二节　基于问题，尝试解决

2011 年版课标在总目标的具体阐述中明确指出："初步学会从数学的角度发现问题和提出问题，综合运用数学知识解决简单的实际问题，增强应用意识，提高实践能力。"2011 年版课标强调了问题在数学学习中的地位，并把"四能"提到育人的基本能力，以问题解决为载体激发学生数学思考，围绕问题展开探究，凸显解决问题过程的方法和策略，激发学生主动的数学探究，以问题为引领，经历探究知识的全过程，体验真实的数学学习过程。以人教版五年级上册"一个数除以小数"一课为例，基于问题，引导学生围绕问题的解决进行自主探索，自主建构。

## 一、以问题解决为载体

问题是数学的心脏，没有问题，数学就没有生机；问题是探究的基础，没有问题，探究就没有方向。问题的质量直接影响数学探究的质量，影响学生数学学习的效果。2011 年版课标把原来的"解决问题"改为"问题解决"决不是简单的名词改变，更不是简单的词序调换，而是更突出了"问题"在数学学习中的价值和作用，凸显了"问题"的导向性和探究性，数学教学应是问题导向下的数学探究活动，是以问题为载体的数学认知过程。通过问题的解决，围绕数学本质的探究与理解，展现真实的知识发生过程，让学生经历完整的数学认知过程。基于问题，如何启发思考，促进问题解决？本真数学注重以问题引领思考，以思考促进解决。以人教版五年级上册"一个数除以小数"一课为例，教材呈现奶奶编"中国结"的活动情境，引导学生根据情境列出算式 7.65÷0.85，以问题解决为载体启发学生探索计算。如何解决除数是小数的除法问题？本真数学以为，应以问题解决为载体，激发学生的元认知。首先，结合口算进行基本训练，以"1.2÷3=、12÷3=；48÷4=、4.8÷4=；96÷12=、9.6÷12="一组六道题进行复习铺垫，唤起学生回忆"商的变化规律"。接着，进一步沟通与上一节课"除数是整数的小数除法"的联系，根据经验学生可以很轻松口算 72÷12 的商，教师适时启发思考：如何计算 72÷1.2？围绕问题的解决：一个数除以小数如何转化成已学的知识？

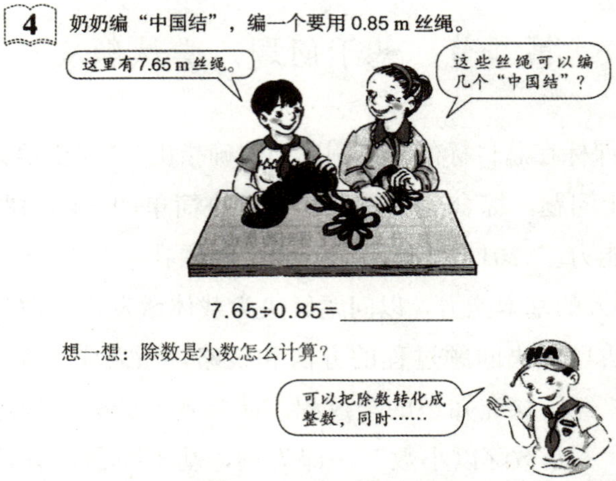


激发学生再感知、再记忆、再思维，为新知探究提供方法的迁移与转化，目标指向如何把除数转化成整数，被除数又是怎么变的。最后，以如何解决一个数除以小数，让学生尝试解决7.65÷0.85，顺其自然地根据“商不变规律”进行探索，以问题的解决为载体，引导学生探究“一个数除以小数”的计算，通过问题的解决过程，探索计算的算理和算法，发展学生实践能力和数学素养。

## 二、以尝试解决为依托

问题导向下的数学探究要善于启发学生尝试解决，让学生根据自己的理解尝试探究，这种尝试可以沿着问题解决的需要自发性地探究，也可以是在教师引导下进行合作性的探究，可以是发现性的探究，也可以是反思性的探究，但都具有相同的特性，那就是尝试性探究，都是围绕问题的解决展开探索，经过尝试解决揭开知识的真相，还原数学的本来面目。如在“一个数除以小数”一课中，利用商不变规律尝试计算7.65÷0.85，由于前面学习了除数是整数的小数除法，学生已经具备小数除法的教学难点，即每次除得的商的位置和小数点的位置。因此，在进行计算方法的迁移和转化后，可以放手

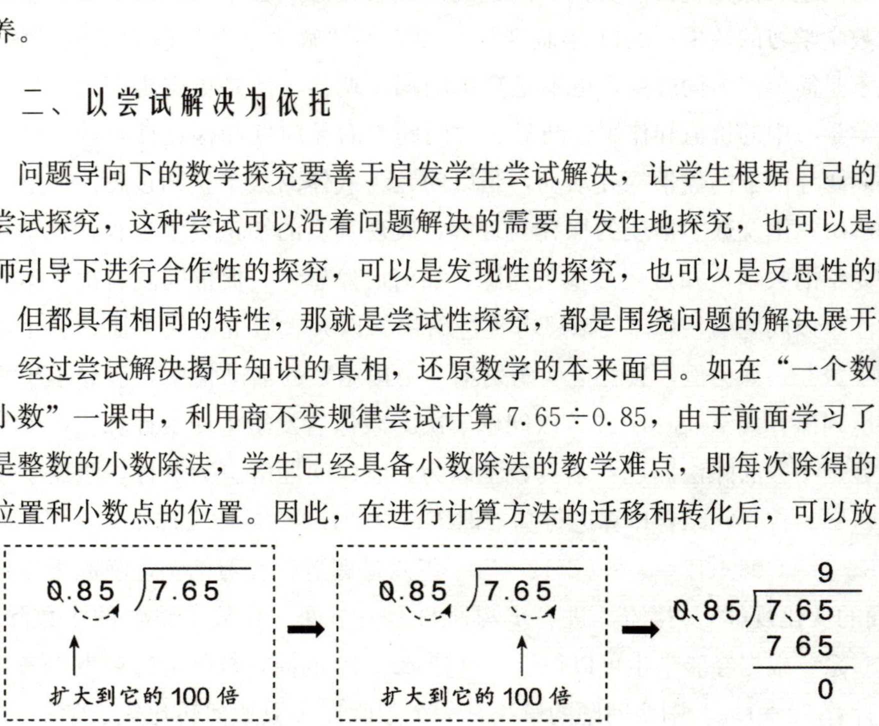

让学生尝试解决。以尝试解决为依托，让学生自主经历算理的探索过程，理解利用“商不变规律”把除数变为整数，首先要看除数的小数数位，除数有几位小数，就应该把小数点向右移动几位，使它变成整数，根据商不变规律，被除数的小数点也要向右移动几位。基于问题：如何把“一个数除以小数”转化为“除数是整数的除法”？引导学生尝试解决，围绕教学的难点及时展示学生的典型作业，重点关注小数点的移动以及商的位置。以尝试解决为依托，就是让学生试误的过程，经历算法的探索过程，进一步理解算理，准确抓住数学本质，突破教学难点，在试误过程中明确要先确定把除数转化成整数，小数点向右移动了几位，被除数的小数点也要同时移动几位，在尝试解决中让学生经历尝试、反思、调整的过程，加强对算理的理解。

### 三、以自主发现为根本

2011年版课标明确指出：“（通过问题解决）获得分析问题和解决问题的一些基本方法，体验解决问题方法的多样性，发展创新意识。”学生问题解决的过程就是自主发现的过程，这一过程是数学探究的重要环节，是数学性质的探究、规律的发现、概念的建构的基础，问题解决需要引导学生自主发现，揭示数学概念课堂真实。在“一个数除以小数”一课中，基于问题解决，让学生尝试计算7.65÷0.85，体会到根据“商不变规律”可以把未知的知识转化成已学的知识进行解决，突出问题解决在数学探究中的作用。在解决12.6÷0.28时，则是发展了学生的解题策略，深化了数学探究，让学生对比7.65÷0.85与12.6÷0.28两个竖式计算的异同。在自主探索基础上，引导学生体会到解决问题的关键：首先，要判断除数的小数位数。其次，被除数和除数要移动相同的位数。最后，被除数小数数位不够，末尾要写0补足。因此，基于问题，就要关注问题的质量，就要关注学生的自主探究，更要关注学生探究意识的培养。本真数学要以自主发现为根本，引导学生经历观察、比较、对比、反思、调整等一系列的思维活动过程，适时归纳自己的发现，学会用数学的语言表达自己的观点。

## 第三节 基于目标，诱发思考

2011年版课标指出：“在观察、实验、猜想、验证等活动中，发展合情推理能力，能进行有条理的思考，能比较清楚地表达自己的思考过程与结果。”教学中，教师要紧紧抓住数学本质，引导学生参与观察、实验、猜想、证明、综合实践等数学活动过程，鼓励他们真实表达自己的想法，启发他们数学地思考，学会思考，独立思考，体会数学独特的思维方式，发展他们的合情推理能力。目标，是数学思考的开始，是数学探究的方向。本真数学基于特定的学习（或活动、探究）目标，在目标导引下诱发学生从数学的角度思考，展现真实的思维活动过程，积累思维活动经验，培养学生良好的思维习惯。以人教版四年级上册“积的变化规律”为例，基于目标的达成，阐述在数学教学中学生的思考方式和思维培养。

## 一、明确学习目标，启发独立思考

学习目标是学习内容的基本要求，是数学学习的灵魂，是数学探究的导向。教学中，教师要抓住数学本质，明确学习目标，对目标的达成做好充分的教学准备，围绕学习目标，精心细化每个活动的小目标，基于目标设计教学思路，以培养学生独立思考，学会思考，促进有意识、有质量、有内涵的数学思考。以人教版四年级上册“积的变化规律”为例，这是人教版教材第二学段“探索规律”的内容，是第一次让学生经历完整的数学规律探索发现过程，理解并掌握探索规律的一般方法和探究策略，启发学生学会思考，独立思考，培养学生的探究能力和创新意识。教学中，教师要根据教学目标制定明确的学习目标：其一，体会数学规律的客观存在；其二，能用数学的眼光探寻并发现规律；其三，经历探索规律的一般过程；其四，发现并归纳概括发现的规律。第一学段的“探索规律”侧重于从“数”与“形”两方面探索简单的数学规律，第二学段的“探索规律”教学更趋向于数学内部的规律探索，经历“特例—猜想—验证—发现”完整的规律探索发现过程，每个活动环节都设计小问题，激发学生积极思考。

3　观察下面两组题，说一说你发现了什么。

第（1）组题中，第2、3题同第1题比，第二个因数分别乘了10、（　），积各有什么变化？

第（2）组题中，第2、3题同第1题比，第一个因数分别除以了2、（　），积各有什么变化？

一个因数不变，另一个因数乘几或除以几（0除外），积也乘（或除以）________。

举例说明你发现的规律。

如在口算“6×2＝12，6×20＝120，6×200＝1200”后，首先，根据这组特例，引导观察比较；其次，提出自己的猜想，一个因数不变，另一个因数乘几，积也乘几；再次，写出类似的算式，进行举例验证；最后，引导概括，用自己的语言概括自己的发现。每个环节小目标都指向启发学生学会思考，独立思考，让思考贯穿规律探索的全过程：思考特例，引发猜想；思考猜想，激发举例；思考验证，归纳发现。从“探索规律”的内容要求上制定学习目标，尝试让学生经历完整的规律探索发现过程，养成科学缜密的思维习惯，积累探索规律的基本活动经验。

## 二、制定活动目标，诱导协作思考

建构主义强调特定情境中学习活动的交往性、合作性、互助性，强调合作中的表现、交流、沟通、讨论等群体互动对知识建构的内在意义与价值，希望通过社会化的交往在更高的水平上促成个体经验、方式与信念的内化与提升。因此，在数学探究中，教师应制定切实可行的活动目标，调动学生多种感官参与探究活动过程，引导观察、比较、实验、猜想、验证、发现等过程，综合运用数学知识、技能和方法等经验，激发学生在独立思考基础上，尝试与同伴合作探究，协作思考，共同探究知识真相，解决简单的数学问题。如在“积的变化规律”一课中，要引导学生经历一般的探索过程，着力教给学生一般的探究方法，培养良好的思维习惯，激发学生数学地思考，科学地探究。教学时，应基于目标，制定活动目标：其一，比较第 1 题与第 2 题，第 1 题与第 3 题，有什么发现；其二，把你的发现在小组内交流；其三，交流中，有什么新思考；其四，你的探究发现有什么价值。在目标导引下，诱导学生协作思考，让个人思考与集体交流产生碰撞，交流辨析，形成共识。抓住数学本质，在观察比较中，发现一个因数不变，另一个因数乘 10、乘 100，积也乘 10、乘 100。在协作思考中，把学生的数学思考引向深入，如果另一个因数不是乘整十整百数，规律还能存在吗？是不是所有的算式间都存在这样的规律？如果另一个因数是除以 10、100 的数，积是否也要除以 10、100 呢？等等。正是诱发了学生的协作思考，让学生的个人思考更丰满，更深入，更加多样性和层次性。

6×2＝12

6×20＝120

6×200＝1200

因此，在制定活动目标时，应更多关注目标的制定以能激发学生的独立思考，能诱发学生广泛的协作思考，在思考中把思维引向深层次的数学思考，让学生在教师的组织和指导下交流、讨论、自主探索，通过协作思考使群体的智慧为每一个个体所共享，内化个体的智慧，拓展个体知识视野，完成既定的活动目标。

## 三、遵循探究目标，促进数学思考

学生的探究要在教师的指导下展开，每个探究活动都要有明确的目标要求和探究任务。在探究中，教师要确立素养本位，把学生的素养发展、能力培养作为第一要务，充分展现探究中学生的真情意愿和真实感受，在探究目标指引下，教师应尽可能引导学生进行探究发现学习，激发学生的数学思考，促进他们有意义、有指向、有价值的思考，引导学生主动发现问题，主动搜集、分析、筛选信息。教师要对学习过程进行引导，提出适当的问题引导学生的思考和讨论，引导学生遵循探究目标，把问题逐步引向深入，促进学生积极思考，加深对所学内容的理解，诱导学生自己发现规律。如在“积的变化规律”一课中，可以设计三个探究活动，每个活动都有相对独立的目标要求，引发学生深入数学思考。活动一的探究目标是引导观察、比较，掌握一般的探究方法。研究一个因数不变，另一个因数变大的规律，可以引导学生从上往下看，在观察、比较的基础上激发数学思考：因数发生了什么变化，积发生了什么变化。目标指向关注数据的特征分析，引导概括发现：一个因数不变，另一个因数乘几，积也乘几。活动二的探究目标是探究方法的迁移，引导学生自主发现，发展探究策略。研究一个因数不变，另一个因数变小的规律，有效应用探索规律的一般方法，引导学生观察第二组三个算式的特征，自主探究规律，培养学生正确的思维习惯。从上往下看，这三个算式又有什么样的数学规律？启发学生思考：因数发生了什么变化，积又发生了什么变化。在自主交流合作探究的基础上引导学生自主发现：一个因数不变，另一个因数除以几，积也除以几。活动三的探究目标是启发学生自觉应用规律探究新的发现，培养和发展学生的应用意识和创新意识。根据上面的两个数学发现，用自己的语言进行概括：一个因数不变，另一个因数乘（或除以）几，积也乘（或除以）几。在此基础上，启发学生进一步思考：如果一个因数变乘（或除以几），另一个因数除以（或乘）几，积将会发生什么变化？把学生的数学思考推向深处，让学生应用上面的一般经验自行探究，一方面有效利用和激活现有的经验，另一方面深化数学探究，让学生不局限于课本内容，拓宽数学探究空间，获取更广阔的数学探究经验，培养学生的探究意识，发展探究能力。

正是因为有了明确的探究目标，使得学生的探究更趋指向性和引领性，在目标引领下，让学生积极主动地融入探究活动，让每个数学探究都能为学生的概念形成、规律探索、模型建构服务，形成本真的数学理解和完整的知识建构，在渐进性的数学探究中，明确探究目标，激发数学思考，引领数学探究。

## 第四节　基于探究，引导建构

建构主义认为，学习活动不应是由教师向学生传递知识，而是学生建构自己的知识的过程。“知识建构”过程实际上是学生的认知结构与认知策略、经验方式与情感态度发生积极变化的过程，也就是一种发展和提高的过程。“知识建构”是通过学生自身（包括个体和群体）已有的经验、方式和信念，在作为认识主体的学生与作为认识客体的知识之间的互动中，以教学活动和学习活动为中介，以主动、积极的建构方式获得，推动和促进原有的知识和经验与新的认识对象相互作用、相互影响的结果。基于探究，就是让学生在教师的指导下，在数学或现实生活的情境中，主动发现问题，经历实践操作、体验感悟、表达交流等探究性活动，自主获取知识和技能，培养正确的学习方式。教学中，教师注重结合具体的学习内容，设计有效的数学探究活动，让学生经历知识的发生发展过程，学会自主探究知识，掌握获得知识的途径和方法，培养正确的探究习惯。数学探究活动一般包括模仿性探究、尝试性探究和实践性探究三个基本形式，分别代表不同阶段的探究。第一学段教学应以模仿性为主，适当鼓励尝试性探究，让学生在教师指导下展开探究，围绕问题的解决模仿他人（或教材的探究活动），在具体探究中理解并探索解决问题的一般方法；第二学段教学则要在尝试性基础上，激发实践性探究，让学生在具体的探究活动中提出自己的看法和观点，结合自己的理解开展或参与实践性探究。不同学段的数学探究，教师还应根据学生的学习需要，提供适合学生探究的活动形式，围绕探究目标的达成，展开实质性的探究。现以“三角形边的关系”一课为例，从三个方面阐述探究在数学建构中的价值与作用。

## 一、启发模仿性探究，引导自主尝试

模仿性探究是数学探究的初级阶段，是学生数学探究的基础。这个阶段主要适合第一学段的学生，可以让学生在教师的指导下进行模仿性的探究，探究的目的是引导学生理解一般的数学探究过程，经历知识的形成过程，体验数学探究的价值，学会从数学的角度理解知识，体验探究。在第二学段，模仿性探究也可以是学生的导学作业，可以在自学中进行模仿探究，可以是独立的尝试探究，也可以是以小组为单位进行的合作探究，在探究中遵循教材的提示或者教师的指导，初步获取知识，探究知识真相。如“三角形边的关系”一课中，可以引导学生先自学课本，根据课本提示做实验，让学生自己剪出课本所提供的四组纸条，通过学生的模仿探究，初步发现第①组 6、7、8 和第④组 8、11、11 可以围成三角形，有的学生还发现第②组 4、5、9 也可以围成三角形，甚至有的学生觉得第③组 3、6、10 也可以围成三角形。当学生出现认知偏差时，数学探究应引向深入，在模仿探究中，只是引导学生经历提示性的数学探究过程，更多的要引导学生在探究中纠正模仿探究的偏差，可以引导学生展开辩论，围绕困扰处第②组 4、5、9 和第③组 3、6、10 是否能围成三角形展开讨论，在讨论中进一步探究，初步感知规律，理解规律内涵。

**4** 我们来做个实验。

剪出下面 4 组纸条（单位：cm）。

（1）6、7、8。　　（2）4、5、9。

（3）3、6、10。　　（4）8、11、11。

用每组纸条摆三角形。

三角形任意两边的和大于第三边。

## 二、鼓励尝试性探究，引导自主发现

尝试性探究是数学探究的基本形式，是学生数学探究的关键。尝试探究可以是自发性的探究，也可以是指导性的探究，学生可以根据数学学习的需要自主尝试探究，可以是围绕问题的解决进行的合作探究，尝试探究的基本特征是探究结果的未知性，属于任务驱动式的探究，在目标指引下有意义的数学探究。在“三角形边的关系”一课中，围绕操作活动中学生的困惑，引导学生对第②组 4、5、9 和第③组 3、6、10 这两组的争议进行尝试性探究，找到探究中的症结所在，纸条太宽了，就引导学生尝试用细小的铁丝进行探究，在学生操作基础上，引导学生自主发现第②组刚好重合在一起了，因为 $4+5=9$，也就是两条短边的和跟第三条边刚好重合了，也就围不成三角形，而第③组的两条短边根本都够不着，也就是 $3+6<10$。通过尝试性探究，抓住了三角形边的关系的数学本质，引导学生在困惑处再次探究，体现课堂真实，凸显探究的实质，从而也为后面的实践性探究三角形三边的关系明确了研究方向，给学生数学探究提供方法保障。

## 三、激发实践性探究，引导自主建构

实践性探究是数学探究的高级阶段，是学生数学探究的核心。实践性探究是素养本位的体现，着眼学生发展，立足课堂实践，让学生参加实践性活动，在活动中培养学生的主动意识和探究能力，实践性探究更多在于高年级的数学探究，随着学生探究意识的提高，有了自主的意愿和主见，能基于问题的解决，充分调动已有知识技能、基本思想和活动经验，尝试从数学的角度进行探索并发现规律，理解把握数学知识内涵和数量关系。在“三角形边的关系”一课中，假如只是让学生动手操作，尝试探究三角形边的关系，仅仅是停留在操作层面的表层探究，实践性探究应把学生的动手操作提升到实践研究层面，让学生在操作中反思，并调整研究策略，引发数学思考，进入实践探究。在实践性探究中，教师应让学生根据自己的疑惑点进行验证，可以自行选择三条边，先判断能否围成三角形，然后再实践操作验证；可以自主画出一个三角形，然后度量三条边的长度，实践研究边的关系；还可以针对操作层面的疑惑，采用细小的铁丝进行重新验证等等。在实践性探究中，应针对探究中的争议，从数学的角度进行逻辑推理，两点之间线段最短，既然是最短了，也就是两点之间只能画一条线段，也就是不可能出现其他的线段，也就是 4+5 两条线段的和必将与最长边 9 重合，所以两边的和不可能等于第三条边，更不存在两边的和小于第三边的情况。实践性探究更侧重于探究本身的生本性和真实性，是立足儿童认知基础上的参与性、体验性的探究，在实践的基础上深入地探究数学内部的逻辑关系，让学生的思维在探究中深化，更多关注实践基础上的逻辑推理，让学生的学习真正发生，让学生在实践中积累活动经验，在探究中积累思维活动经验，让学生的经验能伴随学生的实践促进深入数学探究，在探究中感受数学内部的逻辑关系，深化数学的理解，展现探究中学生的真情，引导自主建构知识，培养和发展学生的数学素养。

# 第五章 本真数学素养践行

## 第一节 数学抽象——研究视觉的转向

小学阶段数学学科核心素养与高中是相同的，主要包括：数学抽象、逻辑推理、数学建模、直观想象、数学运算和数据分析六个素养。2017 年版高中课标明确指出："数学抽象是指通过对数量关系与空间形式的抽象，得到数学研究对象的素养。"从研究内容看，包括"数量关系"和"空间形式"两个方面，涵盖数学研究对象的全部内容。换言之，在小学数学每个领域的教学中都需要进行抽象，数学抽象是小学数学学习的基本思想，也是学生发展的核心素养。抽象思想蕴含在数量与数量关系、图形与图形关系中，教师要从中引导学生抽象出数学概念及一般规律，并用数学语言进行表达、解释和应用，让抽象成为学生从生活到数学的视觉的转向，学会用数学的眼光观察现实世界。正如泉州师范学院苏明强教授所言，数学教学中，教师要注重引导学生的视觉从"生活频道"转向"数学频道"，要从生活中抽象出数量关系或空间形式，从数学的角度发现问题、提出问题。

### 一、数学抽象的类型

数学抽象广泛存在数学教学中，但往往蕴藏在知识内容背后，是一种隐性的教学资源，教师要善于挖掘，努力外显，大力培养，引导学生带着数学的眼光走进生活，寻找生活中的数学影子，让抽象素养成为课堂教学中学生可悟、可学、可利用的数学思想与方法。数学抽象从研究内容上包括数量和数量关系的抽象、图形和图形关系的抽象，以及数学概念和数学规律的抽象等，具体可分为：数量的抽象、图形的抽象、符号的抽象和概念的抽象四类。

1. 数量的抽象。

在小学数学阶段，“数与代数”领域占着很大的比重，具有极其重要的地位，在这一领域里“数量关系”是最基础最核心的学习内容，由“数”和“量”两个方面展开，“数”涵盖了整数、小数、分数、负数等，数的抽象与“数的认识”密切联系，贯穿数的认识过程；“量”包含长度、面积、体积、容积、时间、质量等计量单位等，量的抽象突出量的单位建构，量的经验积累和估测意识培养等。“数源于数”，在“数”的抽象方面，从小学一年级上册“1—5 的认识”就开始渗透数学抽象。首先，教材创设现实的生活情境引导学生数数；其次，适时地从生活引向数学，引导学生拨珠数数，抽象出数的一般性，即数可以表示多少；再次，借助小圆片表示数的多少，理解并建立数学概念；最后抽象出 1、2、3、4、5 等数。这是学生第一次接触的数学抽象，整个数学化的过程引导学生从生活到数学的抽象。在后续的学习中，认识“20 以内的数”“100 以内的数”“1000 以内的数”以及更大的数，都是基于生活经验的数学化过程，实现从生活到数学，以及数之间的关系进行建构“数”，包括分数、小数以及负数，都是结合生活中的数来理解、来抽象、来建构。可见，“数”的抽象是基于学生生活经验上的数学化，是由生活到数学的必经之路，依托经验，激活经验，利用经验进行抽象。“量源于量”，在“量”的抽象方面，也是借助学生的生活经验进行抽象，教材第一个引导学生建构的就是人民币的单位，在“认识人民币”中，对“量”的抽象采用学生熟悉的人民币来理解量的多少及量之间的关系。在“厘米和米的认识”中，

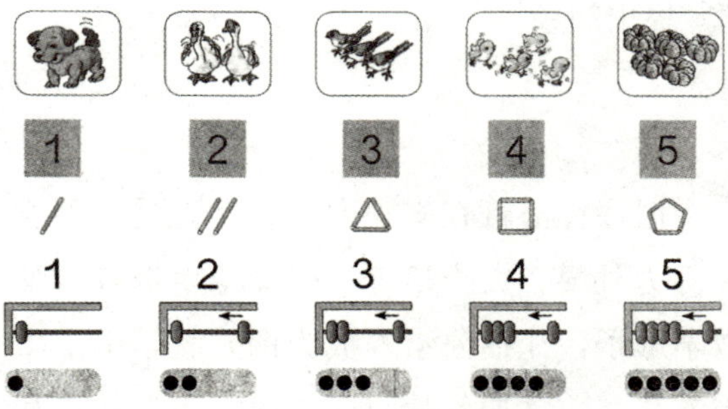


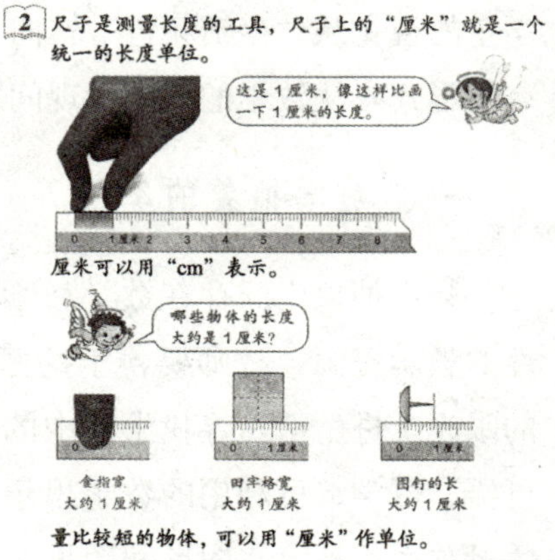

更是从学生常见的“厘米”入手引导抽象。首先，从度量的需要到统一长度单位的必要性，引入长度单位“厘米”；其次，引导学生从米尺上认识、理解并抽象出“1 厘米”；再次，回到生活寻找“1 厘米”的长度作为标准；最后，引导数学上建构 1 厘米，并学会画出几厘米长的线段。学生对“量”的抽象多是在生活中积累了对量的认识和理解，并以此为经验进行数学上的抽象和建构，教师应帮助学生沟通数学的“量”与生活经验的对接，并有效利用经验积累“量”。后续的长度单位、面积单位、体积单位以及其他的“量”的抽象都是源于生活的理解和抽象，帮助学生从生活到数学的有效抽象。

2. 图形的抽象。

由于在现实生活中小学生直接接触的大多是立体图形，他们在认识物体时，通常是从粗略的整体感知开始，首先看到的往往是一个个物体，在整体感知“体”的基础上，再逐渐地转变到“面”的研究，最后，在大量感知的基础上，进行“形”的抽象。教材在“认识图形”的编排方式上，遵循“立体—平面—立体”的编排体系，这样的编排把立体图形的认识编排在平面图形的认识之前，符合小学生的年龄特征和探究经验，又符合认识几何图形的基本规律。因此，在“图形与几何”教学中，教师要引导学生从整体到部分，从实物到图形，从具体到抽象，符合儿童的认知规律。一年级上册“认识图形（一）”是立体图形的认识，主要是在观察生活中物体的基础上，进行“体”的抽象，如在观察文具盒、纸巾盒、粉笔盒等的基础上，抽象出长方体。一年级下册的“认识图形（二）”则是平面图形的认识，注重引导学生对“面”的观察，抽象出长方形、正方形、平行四边形等图形特征的一般性。所以，在教学认识图形过程中，应通过大量的操作性活动，有利于学生积累数学活动经验，发展学生空间观念，教学中应当予以充分的重视。

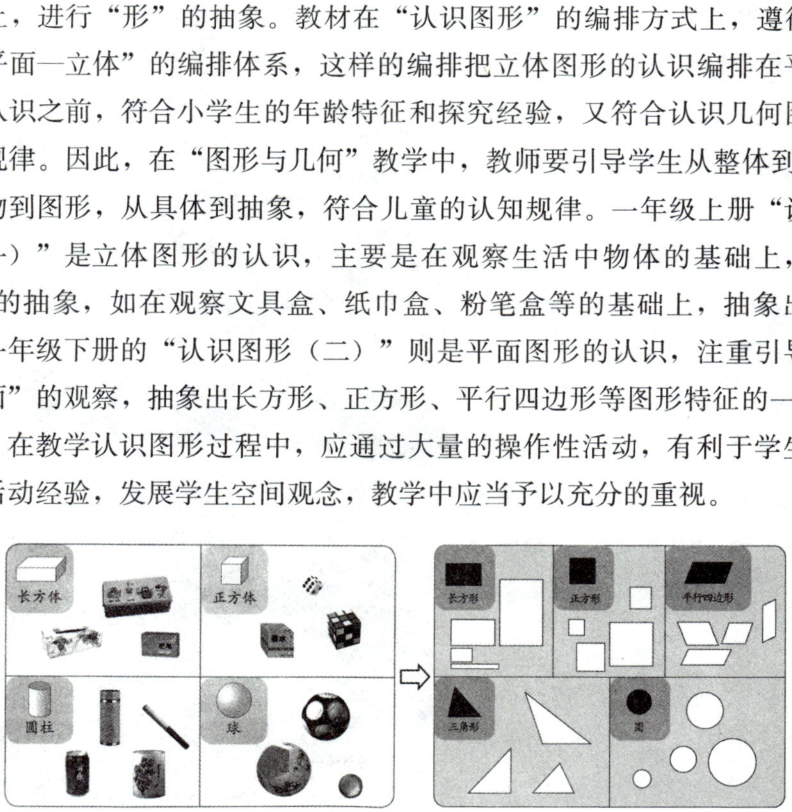

3. 符号的抽象。

数学来源于现实生活，是对学生的现实世界的抽象化，其实质是基于关系的抽象，通过符号运算、形式推理、模型构建等，引导学生理解并表达现实世界中事物间的关系和规律，是数学一种简约的形式美。符号抽象是数学抽象的根本和保障。小学数学对符号的抽象是自始至终的，在认识数后，紧接着就是引导比较数的大小，结合具体的数理解数之间的关系，进行符号化抽象，抽象出大于号“＞”和小于号“＜”。结合数的认识，引导学生结合生活经验理解加、减法的意义，由于学生在现实生活中经常用到加法和减法，可以有效利用孩子的生活经验理解把两个部分的数合起来，就是用加法计算，抽象加法运算符号“＋”，减法亦然。学生可以不用理解加减法运算的基本含义，而是结合生活中的关系理解数学上的运算意义，抽象出加法或减法表示的意义，进行符号抽象。以二年级上册“乘法的初步认识”为例，乘法是加法的延伸和发展，是升级版的加法，其基本原型是加法，是加法的形式化抽象。在符号抽象过程中，一般包含三个不同阶段的抽象过程：首先，数学抽象。在这一过程中，可以引导学生在生活中找原型，借助3＋3＋3＋3＋3＝15，体会此加法与彼加法的不同，引导数出“5个3”。其次，特征抽象。要注重引导学生体会蕴含其中的规律性，抽象出乘法的基本特征“几个几”，借助经验引导学生自主发现小火车里“（　　）个6”，以及过山车里的“（　　）个（　　）”，引导学生不断抽象乘法的特征，从“5个3”到“几个6”，再到“几个几”，经历一般的特征抽象过程。最后，符号抽象。像“2＋2＋2＋2＋2＋2＋

2”可以写成“2×7＝14”或“7×2＝14”，在理解加法的基础上，进行乘法的符号抽象，像此类加法可以写成乘法算式，虽然没有指出乘法的意义，但在实际算式中，可以结合算式理解乘法的基本内涵“几个几”，抽象出乘法符号“×”。符号抽象是从学生的生活实际中理解数学，并从数学的角度进行数学化的抽象，可以用符号数量关系或变化规律，用符号可以进行运算和推理，并用符号表达数学结论的一般性。符号抽象在数学学习中比比皆是，如符号抽象出的四则运算的意义；符号抽象出的数量关系，如“单价×数量＝总价、速度×时间＝路程”等；符号抽象出事物间的关系，如两条直线间的平行关系：平行线可以用“//”表示，垂线可以用“⊥”表示等；以及用符号抽象表示角“∠”、直角“∟”等。符号抽象广泛渗透在数学学习中，教师要适时引导学生进行符号抽象，引导学生经历符号化的抽象过程，学会用符号表达数量关系，用符号表示数学性质和规律。

4. 概念的抽象。

数学概念的形成植根于学生的现实生活，培育于学生的活动经验，生长于学生的数学抽象，建构于学生的特征抽象。因此，抽象是建构概念的本质，是生活经验数学化的过程，教师要在现实生活中挖掘概念的本源，沟通概念本源与知识建构的联系，经历从数学抽象到特征抽象，再到表达抽象、形式抽象的过程，实现真正意义的概念建构过程。三年级上册的“分数的初步认识”，以生活中的分月饼引入探究，生活中有“平均分”的既定事实，学生也有这样的生活经验，“平均分”既是学生的生活经验，也是数学的专业术语，更是建构分数概念的基础。在概念的形成过程中，经历完整的概念抽象过程：首先，是数学化抽象。教学中可以创设情境，以学生生活中的分月饼情境引入，让学生体会平均分就是分得一样多，即每人分

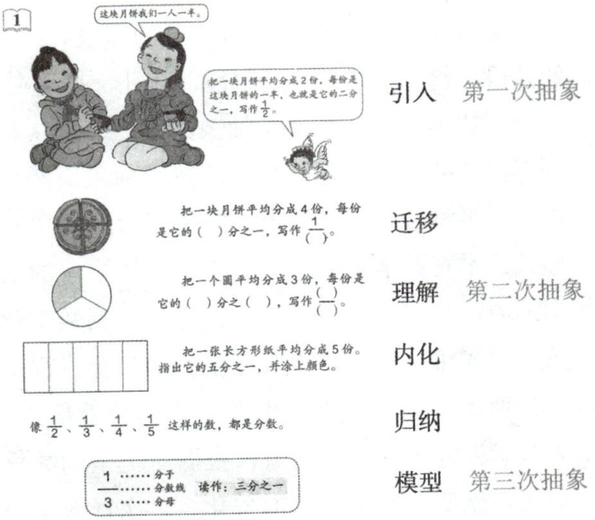

一半，可以用分数$\frac{1}{2}$来表示。接着，还是以月饼为例，平均分成 4 份，每份可以用分数怎么表示？启发学生分的方法的迁移，思路的迁移，表达的迁移，即一份可以用分数$\frac{1}{(\quad)}$来表示。从生活到数学，实现概念建构的第一次抽象，即数学化抽象。其次，是形象化抽象。引导学生摆脱生活原型，把生活中的分月饼、分苹果、分梨子等现实的情境进一步抽象化，借助直观的几何图形来探究，如圆形、长方形、正方形等，从生活中的物体到数学上的图形，就是半符号化抽象，经历第二次抽象，即形象化抽象。借助学生的探究活动经验把一个圆平均分成 3 份，每份就是圆的$\frac{(\quad)}{(\quad)}$，进一步理解概念特征，再借助一个长方形平均分成 5 份，指出它的五分之一，并涂上颜色，可以用$\frac{(\quad)}{(\quad)}$表示，加深概念的理解与内化。第三，形式化抽象。结合学生的操作实践，进行形式化抽象，让学生在理解分数意义的基础上，抽象出概念的基本特征，“像$\frac{1}{2}$、$\frac{1}{3}$、$\frac{1}{4}$、$\frac{1}{5}$这样的数，都是分数”，也就是对概念基本模型的抽象，可以用“—”来表示，是对分数基本形式的表达，也就是一种进行形式化抽象。

## 二、数学抽象的过程

东北师大史宁中教授根据抽象的深度，把数学抽象分为三个基本阶段：简约阶段—符号阶段—普适阶段。孔凡哲教授在此基础上进一步丰富和发展，他认为，数学抽象基本遵循抽象的这三个层次，但在表现形式上，有着更加深刻而具体的外在表现，学生的数学抽象应经历如下四个层面，即实物层面的抽象—半符号层面的抽象—符号层面的抽象—形式化层面的抽象这四种表现形式。本真数学基于学生的学情，从学生的认知经验和知识建构方面诠释数学抽象，我们以为，数学抽象过程包括数学化抽象—形象化抽象—符号化抽象—形式化抽象四个相对完整的抽象化过程。首先，经历从生活到数学的数学化抽象，引导学生从生活中寻找数学信息，并抽象出数学问题；其次，引入数学探究的形象化抽象，根据所提出的数学问题，尝试从数学的角度进行解决，就要把数学问题形象化；再次，数学探究过程中的符号化抽象，在解决问题过程中，努力使探究的问题符号化抽象，用简洁的符号表示，或者用简明的关系表达等；最后，数学建构的形式化抽象，数学最终的探究结果就是数学问题的解决，探寻解决问题的一般策略，并抽象出数学模型，实现形式化抽象。现以二年级上册《角的初步认识》为例，从本真数学的角度阐述数学抽象过程不同阶段的设计思路和教学思考。

1. 数学化抽象。

数学抽象的第一个层面是数学化抽象。这就要求教师要立足于学生已有的生活经验和社会现实，以现实生活中的实物为对象进行抽象，如在“角的初步认识”中，教材呈现出一幅校园全景图，瞬间把学生带入真实而又熟悉的生活情境中。由于小学生每天生活在一个由形和体构成的现实世界里，他们每天都在和一些物体和图形接触，积累了对几何图形的感性认识和丰富表象，这些几何图形里蕴含了许许多多的不同形状的角。又由于二年级小学生的思维还是以具体形象思维为主，这就需要教师善于发现并唤起儿童的生活经验和图形表象，帮助他们调动多种感官参与图形特征的探究过程，在充分感知各种类型材料基础上不断积累和丰富，经历感知—表象—抽象的过程，从中提炼出生活中的几何原型，借助生活中的大量、形象的实物或图形，唤醒学生经验储备，加深他们对图形外在特征的认识。因此，在教学之初，应结合生活情境激发学生的探究兴趣，启发学生思考：什么是角？角长怎么样的？角是怎么来的？从哪里来？等等。这些都是基于学生的生活经验理解角，并以此展开角的认识。教学中，可以开门见山地抛出问题：说到角，相信同学们都不陌生。生活中，你在哪里见到过角？充分调动学生印象中已有的角的概念，如黑板上、桌面上、三角板上、红领巾上、数学书的封面上都有角，甚至还可以说角落、牛角呢，因为毕竟这是学生的认知基础，而且都有角的基本特征，虽然有的学生所举的角与数学上的角的概念不沾边，但这毕竟是他们对角的“朦胧”“朴素”的认识。教师要借助学生对生活中角的经验积累，发展对

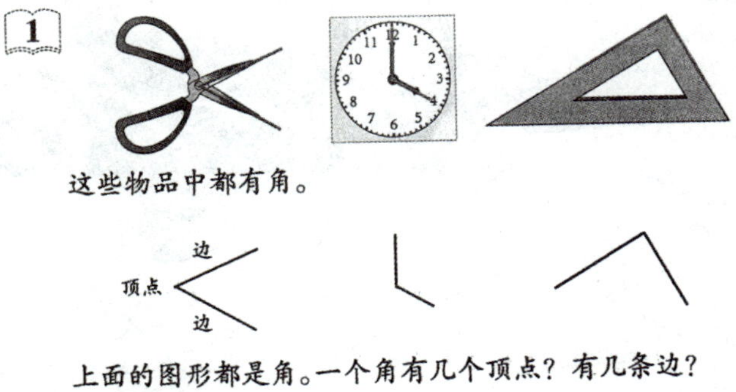

角的感性认识，更要从数学的角度进行抽象，充分唤醒学生已有的关于角的经验，可以结合课件展示一些典型的有代表性的“角”的原型，如三角板、足球场、屋角、五角星等等，让学生通过大量生活原型的观察、比较和概括，实现对“角”这种图形感性经验的积累和丰富，初步形成对生活中“角”的整体表象，并以此为基础逐步抽象，要善于借助“实物”直接抽象，有意引导启发观察比较，让学生在仔细观察物体中的角的基础上，思考这些角的内在本质属性，形成自己对角的初步认识。数学化抽象应从学生的经验起点出发，唤起学生对生活中的“形”的再现，提炼现实生活中丰富的原型，形成对生活中的“物”有一种“只可意会不可言传”的内心体验，积累并丰富“物”的感知和经验，不断抽象出“形”来。这就是数学化抽象，是数学抽象的第一步，也是最关键的一步，为后续的抽象提供研究的基础和方向。

2. 形象化抽象。

形象化抽象是一种以儿童视觉观察，对一类事物本质属性进行简约后形成的表象。这个层次的抽象，史宁中教授称之为简约的最初阶段，也就是半符号阶段，是一种建立在实物外在共性特征基础之上的浅性抽象。此时，有关事物本质属性已经能从实物中提取出来，并能借助学生的知识经验把它们抽象出来，但是并没有完全脱离实物，有的还只是部分属性脱离了实物，其中的最核心的属性已经有所发现，能结合学生认知经验用图形表达或语言概括。

在《角的初步认识》这一节中，在学生大量感知生活中的角的基础上，他们知道了桌角、屋角等角的特征，初步感知角，并能用角的特征观察生活中的角，篮球场上的角，大自然中石头摆出的角，以及两块钢块摆出的角……可以从生活中的这些角积累对角的感性认知。但这只是学生的经验和

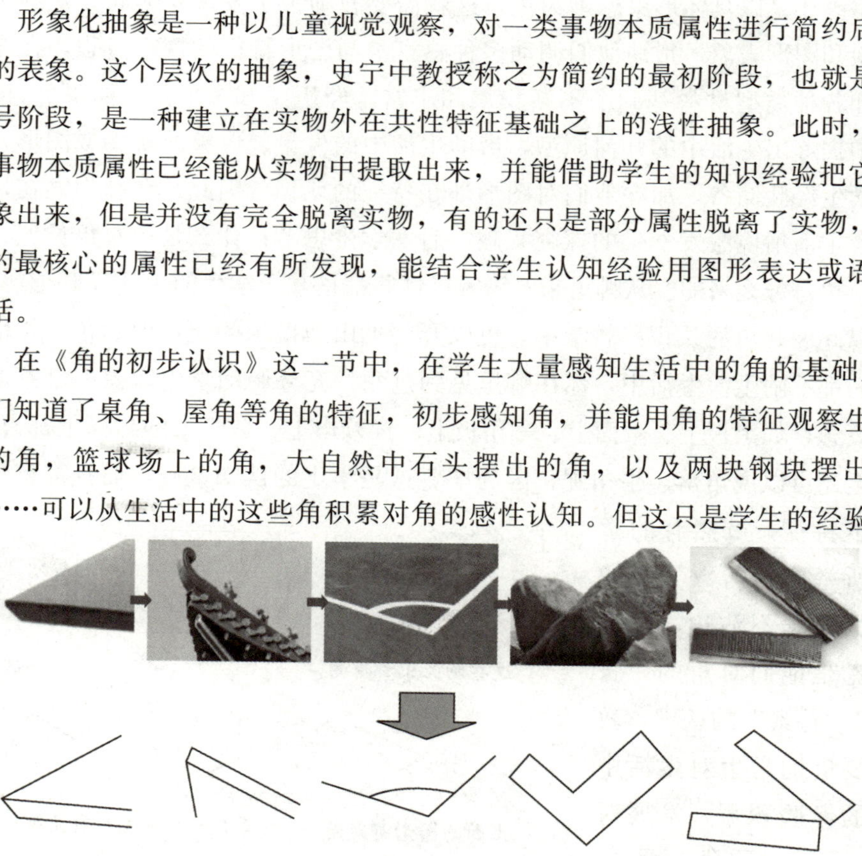

印象，形象抽象要在此基础上引导初步抽象，如引导学生利用身边的资源动手做角，也可以让学生根据做出的角，画出自己头脑中的角。画出心目中的角，既是对角特征的唤起和理解，又是对角特征的感知和抽象，是建立在实物直观层面上的第二次抽象。在这个过程中，学生的思维经历了从实物到图形的过程，是对角的特征的理解、内化过程，是半符号抽象，学生画出心中的“角”，可能是不完善的，可能带有一些非本质属性，如有的孩子画出小刀张开的模样，有的画出铅笔摆成的角，有的用线拉出角的形状等等，但角的基本特征还是能呈现并表达出来，这样的抽象就说是半符号抽象，是物体的形象化抽象，它可以保持实物的形象，更是图形特征的抽象。

3. 符号化抽象。

当去除了依附在实物上面的非本质属性后，留下的就是它们共有的属性，也就是符号化抽象。这个阶段的抽象属于数学抽象的第三个层次，这一层次的抽象具有典型的阶段性、层次性和发展性，符号层面的抽象已经剔除了事物外在的形象，学生可以利用概念、图形、符号、关系等表述事物特征的一般性，是简约化了的事物的本质属性。如“角的初步认知”一课中，在引导学生对已有的事物进行一般性抽象后，让他们画出有关的桌角、屋角、操场上的角、大自然中的角或摆出的角，抽象并理解角的本质特征，它们都有“一个顶点”和“两条边”，这时候学生头脑中的角就不单单是依附在桌面上、屋顶上、操场上或大自然里，而是在观察不同形状的角的基础上，对角的本质特征的符号化抽象。此时，再让学生画出自己喜欢的角，学生就不会“依样画葫芦”地画出带有事物特征的角，而是“符号化”后的典型的简约的角，即有“一个顶点和两条边”的角。这就是说符号化抽象，它是数学化的核心，是数学抽象的关键一环。

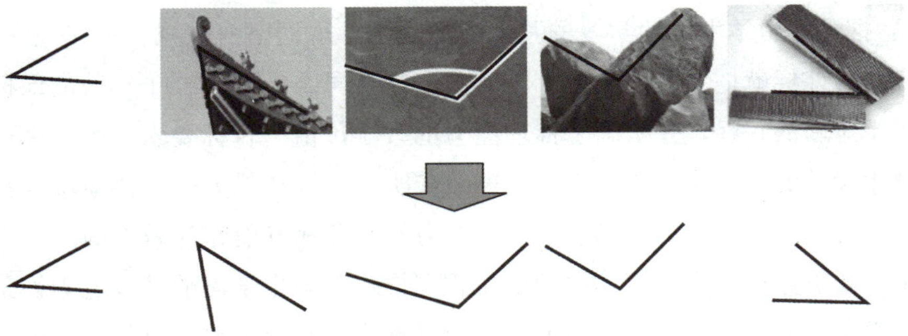

4. 形式化抽象。

形式化抽象属于数学抽象的普适阶段，即通过假设和推理建立数学中一般的法则、模式或者模型，并能够在一般意义上解释生活中的具体事物。这个阶段是数学抽象的最高形式，在小学数学中普遍存在。当学生在数学探究后建立了模型，并尝试将模型运用到一般问题的解决上，这就是典型的形式化抽象。这时候，学生经历了一个完整的数学抽象过程，能借助自己感性经验的积累，进行直观想象，在头脑内形成感性形象，逐步形成并建立表象。教师要善于激活学生脑中再现事物的形象，让学生对知觉形象或记忆表象进行一定的加工改造以形成新形象，并能用自己的语言进行数学表达。如在“角的初步认识”一课，学生对事物的角进行符号化抽象后，教师应引导学生观察这些角，它们有大有小，有长有短，开口有向上、向下、向左、向右等，形状也各异，但它们都是角，它们都有“一个顶点和两条边”，建构角的概念，形成角的基本模型“∠”，这就是形式化抽象的角。带着形式化抽象后的角，走进生活寻找角时，学生就会用角的特征进行价值判断，当他们看到右图时，就不是看上去的一个角，而是从中发现很多的角，细心的同学可以看到蕴含其中的九个角，二年级的孩子能用他们的眼光分析三维世界中所蕴含的二维的图形。

## 第二节　逻辑推理——数学思维的发展

2011年版课标明确指出：“推理能力的发展应贯穿在整个数学学习过程中。推理是数学的基本思维方式，也是人们学习和生活中经常使用的思维方式。”推理作为学生数学学习的基本能力之一，得到空前重视。早在2001年的实验版课标就把“推理能力”作为六个核心词语提出，2011年版的课标更是赋予全新的解释，并明确了推理能力的教学价值与目标要求。逻辑推理更是学生发展的六大核心素养之一，进一步明确了推理能力的学科地位和价值取向。可见，小学数学应把学生推理能力的培养和发展作为教学的出发点和归宿，要贯穿在学生数学学习的全过程。推理是学生学习的基本能力，是学生数学学习的基础和保障，是重要的学习方法和数学思想，教师应重视学生推理能力的培养和发展。

## 一、逻辑推理的编排

2011 年版课标对学生推理能力的培养有具体明确的目标要求，在第一学段中要着力培养学生“在观察、操作等活动中，能提出一些简单的猜想”“会独立思考问题，表达自己的想法”，第二学段则要“在观察、实验、猜想、验证等活动中，发展合情推理能力，能进行有条理的思考，能比较清楚地表达自己的思考过程与结果”“会独立思考，体会一些数学的基本思想”。从目标要求看，第一学段重在培养学生的问题意识，能结合数学活动提出猜想，关注学生创造性思维的培养，第二学段重在培养学生的合情推理能力，培养学生良好的思维习惯和创新意识。

从基本内涵看，逻辑推理指的是从一些数学已有的事实和命题出发，依据规则推出其他的事实和命题，一般包括合情推理和演绎推理。合情推理是从已有的事实出发，让学生凭借知识经验和数学直觉，通过归纳和类比等推断其他的数学事实；演绎推理是从已有的事实（包括概念、规律和性质等）和确定的规则（包括运算的定义、法则、顺序等）出发，按照逻辑推理的法则加以证明。小学阶段以合情推理为主，演绎推理为辅，把学生推理能力的培养贯穿学生整个学习过程，在解决实际问题的过程中，这两种推理经常相辅相成，合二为一。合情推理用于探索思路，蕴含在学生的数学探究中，引导学生在操作中发现结论，演绎推理则用于一些简单的数学证明。合情推理的基本形式有归纳、类比，是一种从特殊到一般的推理；演绎推理则是从一般到特殊的推理，借助一般的数学事实推导出其特殊性，并加以证明。

在教材的编排上，人教版以 2011 年版课标精神为指导，把推理贯穿学生整个学习活动过程，从一年级上册起，就开始有意识地渗透推理。教材的编排思路主要是逐步渗透、螺旋上升，突显逻辑推理的阶段性和发展性，根据学生的年龄特征和思维习惯，人教版教材对逻辑推理的渗透分三个阶段，每个阶段都有明确的目标要求。

第一阶段：启蒙阶段。人教版教材对推理的渗透从一年级上册就开始了，编排的主要特征是逐步渗透，重在启发学生学会思考，培养良好的思维习惯。如“9 加几”一课中，由于学生之前已经在“10 的组成”中学会了凑十，而且也学会了连加的计算，这些是学生学习本课的基础，而“凑十法”是本课教学的重点，是正式引入推理的载体。教材以“9＋4”为例，先引导学生摆小棒进行计算，体验“接着数”的基本方法；接着，引导学生感受“凑十法”，“9＋1＋3”这个过程是学生推理的理论基础，引导学生把 4 分成“1＋3”再进行凑十；最后，形成严谨的归纳推理（如右图）。这是人教版渗透推理的雏形，是正式引入推理的开始，比较完整地引导学生数学地思考，学会有理有据地推理。从一般的数学思考“接着数”，到有依据的数学思考“凑十法”，再引导学生学会思考，促进他们思维的发展，培养良好的思维习惯。像这样零散的推理在后续的“8、7、6 加几”“5、4、3、2 加几”中比比皆是，这些数学思维都是“凑十法”的延续和发展，是类比推理思维形式的丰富与发展，到了一年级下册的“20 以内的退位减法”更是“凑十法”的反思与推理，在“想加算减法”基础上借助“破十法”进行退位减法，体会一般的归纳推理。一年级下册“数学广角”安排了“找规律”一课，奠定了“推理”的基础地位，让学生在找规律中体验归纳与类比的推理过程，感悟推理的基本思想，培养和发展学生的合情推理能力。

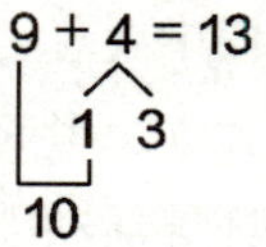


第二阶段：形成阶段。人教版教材二年级下册的“数学广角”编排了独立单元“推理”，主要的编排特征是正式引入“推理”，让学生结合具体的情境，初步学会用推理的思维进行判断，学会简单的数学推理，重在感受推理的基本形式，学会有理有据地数学思考，体会推理的应用价值。“推理”一课安排了两个例题，例 1 以小红、小丽和小刚三人分别拿了语文、数学和品德与生活三本书为情境，让孩子在活动中体会推理的思维形式。教学中，让学

生学会从信息本身寻找解决问题的突破口，从信息背后读懂蕴含的信息。首先，要从既定的事实出发。“小红拿的是语文书”，这一信息是确定了的事实，可以作为解决问题的突破口，可以先确定，并以此为判断依据，也可以进一步理解：剩下的两本书分别是数学和品德与生活。其次，要从其他的信息寻求思路。“小丽拿的不是数学书”，这一信息背后蕴藏着两条信息，一是小丽拿的不是数学书，二是剩下的两本书是数学和品德与生活，这两条信息是相互关联的，是进一步推理的基础和前提。最后，进行合情推理。剩下的两本书是数学和品德与生活，因为小丽拿的不是数学书，所以，小丽拿的肯定是品德与生活。那么，剩下一本数学书就是小刚拿的。在看似简单的推理中，蕴含推理的基本形式，让学生明白简单推理的思维形式，能确定的要先确定，能排除的要排除，要读懂信息，还要读懂信息背后隐藏的信息。同时，在逻辑推理时，要注意适当的抽象，引导学生用形式化的语言表达，如通过画图、列表等帮助学生梳理信息、理解信息，实现更好的推理。

例 2 是例 1 的丰富和发展，是在稍复杂情境中对信息的甄别与分析，培养学生寻找解决问题的突破口，从推理的角度进行思考和分析。教材要求在 12 宫格中判断 B 是几，读懂基本要求“每个数在每行、每列都只出现一次”，因此要引导学生思考：哪一个空格所在的行和列出现了三个不同的数？这样就把“A 是几”作为解决问题的

2　在右面的方格中，每行、每列都有 1～4 这四个数，并且每个数在每行、每列都只出现一次。B 应该是几？

| | | | |
|---|---|---|---|
| 3 | 2 | | |
| A | | B | 2 |
| | | 3 | |
| 1 | | | |

想：先看哪一个空格所在的行和列出现了三个不同的数，这样就能确定这个空格应填的数。

关键，A 所在的行有了 2，所在的列有了 1 和 3，那么就有了推理的依据，A 就是 4，把能确定的先确定下来。用同样的推理方式，引导学生思考 B 所在的行和列各有哪些数？找到行和列有 2、3、4，所以 B 应该是 1，接下去，让学生自己尝试推理其他的空格。教学中，要尽量引导学生学会用“因为……所以……”“再因为……所以……”句式表达自己的推理过程，学会有理有据地推理。

在形成阶段，教师首先要注重引导学生读懂信息，发现推理的关键信息；其次，要寻找突破口，要找到最先能确定的既定信息，寻找推理的重要依据；接着，尝试根据已有的信息合情推理，探寻推理的一般方法；最后，学会用一定的逻辑思维有依据地推理，形成推理的一般表达习惯，学会严谨有条理

的推理过程，培养良好的思维习惯。

第三阶段：发展阶段。人教版教材六年级下册总复习编排了“数学思考”独立内容，意在对第二学段所渗透的逻辑推理做梳理、总结和提升，为第三学段的数学探究提供思维基础和方法保障，培养和发展学生的逻辑推理能力。六年级下册总复习中的“数学思考”集中安排了 4 道例题，涵盖小学阶段所涉及的合情推理和演绎推理两种思维形式（见右表），这四道例题所采用的素材不一样，呈现的形式也不一样，但是其教学的内涵是一样的，都蕴含着推理的思想方法。这四道例题的编排思路由易及难、相互关联、相互补充，完整呈现了小学阶段的逻辑推理形式。例 1 的找规律是一年级起简单找规律的高级形式，要求平面上几个点可以连多少条线段，让学生从简单入手通过寻找增加的点数和增加的线段数之间的关系，利用枚举和数列，寻找蕴含其中的数学规律，推理出点数与线段数之间的关系，这是一种典型的合情推理。例 2 的列表推理是对二年级推理形式的发展，从简单的列表推理到复杂情境中的列表推理，让学生通过列表，逐步缩小与 A 同班的人的范围，最终确认唯一符合要求的人。让学生在列表推理中不断排除矛盾、推出必然结果的思维方式，是一种演绎推理。例 3 的等量代换，在之前的编排中虽有涉及，但不系统，这里结合实例帮助学生理解等量代换时，可以用一个与它相等的量去代替，它是演绎推理的基础，为第三学段的解方程的方法、发展代数思想做准备。例 4 是一道经典的用演绎推理来进行证明的几何题，小学阶段的数学没

| | | |
|---|---|---|
| 例 1 | 找规律 | 合情推理 |
| 例 2 | 列表推理 | 演绎推理 |
| 例 3 | 等量代换 | |
| 例 4 | 简单的几何证明 | |

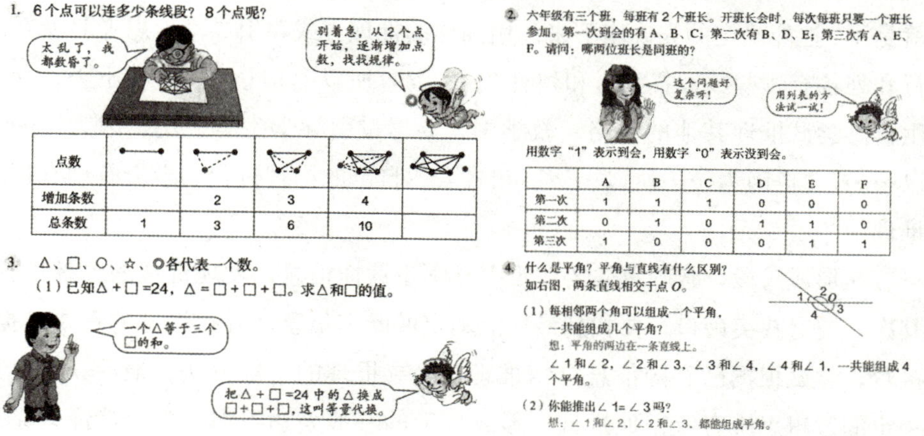

1. 6 个点可以连多少条线段？ 8 个点呢？



| 点数 | | | | | |
|---|---|---|---|---|---|
| 增加条数 | | 2 | 3 | 4 | |
| 总条数 | 1 | 3 | 6 | 10 | |

2. 六年级有三个班，每班有 2 个班长。开班长会时，每次每班只要一个班长参加。第一次到会的有 A、B、C；第二次有 B、D、E；第三次有 A、E、F。请问：哪两位班长是同班的？



用数字“1”表示到会，用数字“0”表示没到会。

| | A | B | C | D | E | F |
|---|---|---|---|---|---|---|
| 第一次 | 1 | 1 | 1 | 0 | 0 | 0 |
| 第二次 | 0 | 1 | 0 | 1 | 1 | 0 |
| 第三次 | 1 | 0 | 0 | 0 | 1 | 1 |

3. △、□、○、☆、◎各代表一个数。

（1）已知△＋□＝24，△＝□＋□＋□。求△和□的值。



4. 什么是平角？平角与直线有什么区别？
如右图，两条直线相交于点 $O$。



（1）每相邻两个角可以组成一个平角，一共能组成几个平角？
想：平角的两边在一条直线上。
∠1 和∠2，∠2 和∠3，∠3 和∠4，∠4 和∠1，一共能组成 4 个平角。

（2）你能推出∠1＝∠3 吗？
想：∠1 和∠2，∠2 和∠3，都能组成平角。

涉及证明，通过本例题教学可以发展学生的推理能力，积累证明的基本经验，有利于中小学教学的良好衔接。在小学的整理和复习阶段，安排了以“推理”为主线的这几个内容，让学生系统地经历从特殊到一般的合情推理、从一般到特殊演绎推理的过程，让学生在观察、猜想、验证等活动中，发展合情推理能力，培养学生学会有条理地思考，能比较清楚地表达自己的思考过程与结果。这样的编排有利于培养学生学会思考、独立思考，体会一些数学的基本思想，有利于培养学生的逻辑思维，结合实例体会推理的应用价值和实践意义。

## 二、逻辑推理的形式

推理是数学的基本思维方式，是人们学习和生活中经常使用的思维方式。在小学阶段，推理一般包括合情推理和演绎推理，以合情推理为主，适当渗透简单的演绎推理。合情推理是波利亚的“启发法”（heuristic，即“有助于发现的”）中的一个推理模式，波利亚在启发法框架中提到的合情推理的模式包括归纳和类比两种基本形式，是指数学活动中的观察、归纳、类比、实验、联想、猜测等方法，是实现学生从零散思维向聚焦思维的转变，让学生学会思考、独立思考，引导深层次的数学思考，培养学生良好的思维品质。演绎推理则是从已有的事实和确定的规则出发，按照逻辑推理的法则证明和计算，通俗地理解就是按照已有的法则和规律进行推理和验证。在小学阶段，比较常见的是合情推理，让学生在具体情境中尝试应用归纳和类比发现数学规律或性质，培养学生创新意识和推理能力，学会有理有据地数学思考。

1. 归纳。

归纳是人类探究自然、发现自然的基本方法，也是数学学习中常见的推理形式，是学生逻辑推理的基础和核心。小学从低年级起就渗透归纳方法，有利于学生养成良好的思维习惯，学会有理有据地数学思考；有利于发展学生分析问题的能力，发展学生的解题策略；有利于培养和发展学生的数学思维，形成良好的思维品质。归纳常见于数学学习中，教师要善于挖掘和有效激发，要把归纳渗透于课堂教学中，践行于数学探究时，并在解决问题中进行发展和提升。以人教版四年级下册“三角形内角和”一课为例，挖掘教材中所蕴含的归纳方法，以及如何理解和凸显，有效培养和发展归纳方法。

（1）教材渗透。

从教材编排思路看：首先，教材呈现导引式问题“画几个不同类型的三角形。量一量，算一算，三角形 3 个内角的和各是多少度”，教材例题开门见山指向数学探究的目标任务是“三角形的内角和”，数学探究的基本方法是“量一量，算一算”，数学探究的一般过程是“画—量—算”，数学发现的根本保障是归纳推理，在“画几个不同类型的三角形”中进行探究发现，引导发现一般性中的规律性。其次，呈现合作探究中，左边的小女孩“我的这个直角三角形的内角和是 180°”，右边的男孩“我的是锐角三角形，也是……”代表的是不同类型的三角形，实际上这里的归纳是不完全归纳法。再次，小精灵“你发现了什么？用实验来验证一下”，突出归纳推理的根本是发现数学规律，而且还有进行结论的验证。最后，进行归纳：三角形的内角和是 180°。教材对归纳推理的一般过程做了完整、合理的编排，教师在研读教材中要注重深入挖掘，精准把握蕴含的思想和方法，同时要在课堂实践中践行和发展。

（2）课堂践行。

课堂是践行教材编排意图的主阵地，是学生核心素养形成的主渠道。教师要深刻领会教材的编排意图和思路，把隐藏在教材背后的思想和方法落实到课堂实践中，把握好“编—教—学”一体化，真正实现把核心素养的形成和发展落实到课堂教学中。在“三角形的内角和”一课中，要注重引导学生经历数学探究的一般过程，把握归纳推理的基本思路和方法，引导学生经历“猜想—推理—验证—发现”的推理过程，把归纳推理的方法作为教学的主要任务。基于这样的思路，可以设计如下教学过程：

第一，创设情境，引发猜想。可以先通过计算两副三角尺的内角和，即 $45°+45°+90°=180°$，$60°+30°+90°=180°$，发现直角三角形的内角和是 180°，诱发学生猜想：是不是所有的直角三角形的内角和都是 180°？锐角三角形的内角和呢？钝角三角形呢？是不是所有的三角形的内角和都是 180°？猜想是发现的开始，也是学生数学思考的起点，正是在猜想驱动下，学生的创造性思维被激发并点燃。

第二，启发思考，自主探究。首先，引导学生拿出准备好的任意三角形，或者即时画出的三角形，进行实际测量并计算出三角形的内角和，在小组内交流自己的发现。接着，进行集体交流，围绕不同小组的计算结果的差异展开谈论，从测量的方法、工具的精确和观察的角度等方面正确看待计算的结果。最后，在计算不同三角形的内角和过程中，引导初步理解：三角形的内角和是 180°。

第三，反思质疑，举例验证。基于学生的质疑，可以启发思考：假如三角形的内角和是 180°，那么三个内角摆在一起，肯定成为一条直线，三个内角可以拼成一个平角，也就是三角形的内角和是 180°。接着，引导学生剪拼或撕拼，或者把三个内角折在一起，发现三个内角拼在一起刚好是一个平角，也验证了三角形的内角和是 180°。最后，可以借助几何画板直观科学地验证。

第四，交流反馈，概括发现。引导学生梳理数学发现过程，交流自己的数学发现，在此基础上适时引导概括，归纳自己的发现。

在整个数学发现过程中，注重培养学生科学合理的归纳推理过程，借助学生的知识储备和探究经验，从数学的角度进行思考，养成有理有据的数学思考过程，掌握归纳推理的一般方法，培养严谨的逻辑推理习惯，形成良好的思维品质。

2. 类比。

类比是合情推理的另一种形式。它是根据两个研究对象在某些属性上相同或相似，通过观察、比较，推断出它们在其他属性上也相同的推理过程。类比一般是从观察个别现象开始，是基于两个或两类事物间的比较，引发对某一属性的类推，并加以验证发现。小学数学中的类比主要集中在第二学段中，在第一学段学生已经积累了大量的归纳推理的形式和特征，掌握推理的一般方法，能有意识地对数学中的特征和规律提出假设或猜想，并进行适当的数学推理。第二学段起，有意识地渗透类比，加强数学概念间的联系，培养学生的规律意识，培养学生发现问题的能力，如由“积的变化规律”引起类比推理出“商的变化规律”，由“商不变规律”引起类比推理出“分数的基本性质”和“比的基本性质”，由“加法交换律”“加法结合律”引起类比推理出“乘法交换律”“乘法结合律”等等，这些都是典型的类比推理，通过类比，加强数学概念、性质和规律间的联系，建构完整的知识体系，培养学生的创新意识和发现能力。以五年级下册“分数的基本性质”为例理解类比在教材中的渗透特征，基于学生真情，凸显类比本质，引导学生有意识地应用类比进行数学探究，培养和发展学生的数学思维。

（1）教材渗透。

从教材编排看，主要呈现两个探究思路：一是规律的探究过程主要通过归纳推理，二是规律的验证过程通过类比推理。这样的编排思路以归纳推理作为发现探究规律的基本形式，同时，类比也是数学探究的一种重要形式。类比是归纳的补充和发展，是基于归纳经验的更合乎情理的推理形式，归纳和类比同属合情推理，是合情推理的两种形式，相辅相成，互为补充。基于教材的编排，可以“先归纳，后类比”，分两个层次进行。归纳层面，应遵循“操作—比较—发现—验证—概括”的归纳推理过程，先动手操作，用分数表示出涂色部分的大小；再用对折的方法来分，比较大小；接着，引导思考：发现了什么；再次，进行举例验证；最后，引导概括规律。这一过程就是归纳推理的过程。类比层面，沟通前面所学的“分数与除法的关系”“商不变的规律”的探究经验，建立两个规律间的本质属性，引导根据“商不变规律”进行类比推理。

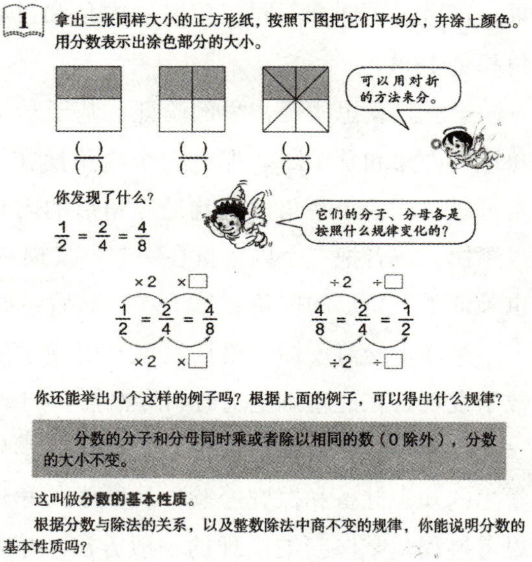


基于以上教材分析，本课时教学应培养学生的类比推理，但对类比的目标指向尚不清晰，容易让归纳冲淡类比推理，使教师误以为只要把归纳理清楚就可以了，或者有的教师直接把教材中的“根据分数与除法的关系，以及整数除法中商不变的规律，你能说明分数的基本性质吗”这句话忽略了，也

就是不提类比推理，这样就误读了教材的编排意图。所以，正确的处理方式是引导学生尝试归纳推理发现“分数的基本性质”，再用类比推理加以验证，最后进行规律的概括。当然，还可以把类比作为主要的推理形式来教学，在类比的过程中进行归纳概括。

（2）课堂践行。

在研读教材的基础上，教师可以把类比作为教学中的主要的推理形式来教学，从“商不变的规律”出发，联系“分数与除法的关系”类比推理出：在分数里，分数的分子和分母同时乘或者除以相同的数（0 除外），分数的大小不变。再在举例验证的基础上进行归纳推理。两个基本形式的合情推理都对这一规律的发现提供有用的探究经验，以科学严谨的推理形式进行有依据的数学思考及推理过程，这样的类比，为后续的“比的基本性质”的探究发现积累丰富的思维活动经验。根据以上分析，可以进行以下教学设计：

第一，基于本源，启发类比。首先，以整数除法口算训练为基础，根据“分数与除法的关系”所得的商可以用整数、分数、带分数来表示，如 $7\div25=\frac{7}{25}$；接着，引导回忆“商不变的规律”，即 $7\div25=(7\times4)\div(25\times4)$，可以口算出结果用小数表示是 0.28；最后，结合启发类比：如果分数里，也有一个类似的“商不变的规律”，你觉得应该是什么？启发学生尝试类比推理。

第二，迁移类推，尝试发现。根据“商不变的规律”类推出：$\frac{7}{25}=\frac{7\times4}{25\times4}$，这样的类比推理过程能否成立？依据是什么？以“分数与除法的关系”层面理解，可以成立，以计算的结果验证也相等，那是否在所有的分数中都有这样的规律？引导学生进行举例验证。

第三，举例验证，归纳发现。首先，通过举例，$\frac{3}{4}=\frac{3\times2}{4\times2}=\frac{3\times4}{4\times4}$，发现计算结果相等；接着，以图形表示，大小相等，帮助直观理解；最后，观察式子发现规律。展示不同小组的探究结果，进行归纳发现。

第四，观察比较，概括规律。引导学生对一类式子观察比较，发现都存在相同的规律，也就是规律的普遍性与一般性，于是，可以在此基础上引导学生观察发现。即，从左往右看分数的分子和分母同时乘几，分数的大小不变；从右往左看，分子和分母同时除以几，分数的大小不变。通过对数学规律的发现与表达，适时引导概括自己的发现。

这样的设计，基于学生的学情，从本源处，把握知识的前经验，沟通数学内部间的联系，实现有意义的类推，把握类比推理的本质。从真相处，这样的设计迎合学生的需要，唤起学生的经验和兴趣，掌握类比的方法和经验，为后续“比的基本性质”的理解、探究与发现，提供思维基础和探究经验，实现本真的有价值的类比推理。这样的类比，在数学学习中经常用到，如从“圆的面积”类推“圆柱的体积”，从“三角形的内角和”类推“四边形的内角和”，从整数的运算定律类推小数、分数的运算定律，从“三角形的面积”类推“梯形的面积”等，类比是基于归纳基础的联想与丰富，同属于合情推理的重要思维方式，教学中要有意识地激活和应用。

3. 演绎。

演绎推理在小学阶段接触较少，主要集中渗透在六年级下册《整理与复习》“数学思考”部分，教材用三个例题对演绎推理做了渗透，分别是列表推理、等量代换、简单的几何证明，以列表、替换和证明等形式进行演绎推理的专项训练，培养学生正确地思考与推理习惯，发展学生的逻辑思维能力，有利于中学阶段数学学习的需要。

教材从二年级正式“推理”起，中间只是零散地部分渗透演绎，这样的编排思路是让演绎推理成为学生数学思维的一种基本形式，在小学阶段作为数学思考的有益补充，也为后续学习与思考培养正确的思维方式，有助于中小学学习中思维方式的衔接，改变学生的思维形式，拓宽学生的思维空间。以六年级下册“数学思考”中“简单的几何证明”为例，阐述教材中演绎推理的编排思路与课堂实践。

（1）教材渗透。

教材例 4 是典型的几何证明，这在中学阶段是很常见很重要的演绎推理形式。但对小学生来说，有一种“看得懂，但说不清”的感觉，而这种“感觉”是因为演绎推理是有别于学生常规的思维形式。因此，此时的渗透是思维方式的改变，改变是为了更好地发展与适应。教材编排以问题为导向启发思考，所设计的问题从已有的事实出发，以“根据……想到……”“因为……

所以……”“由……得到……”等这样的句式启发学生的思维，培养训练学生正确的思维方式，学会有理有据的数学思考和逻辑推理。

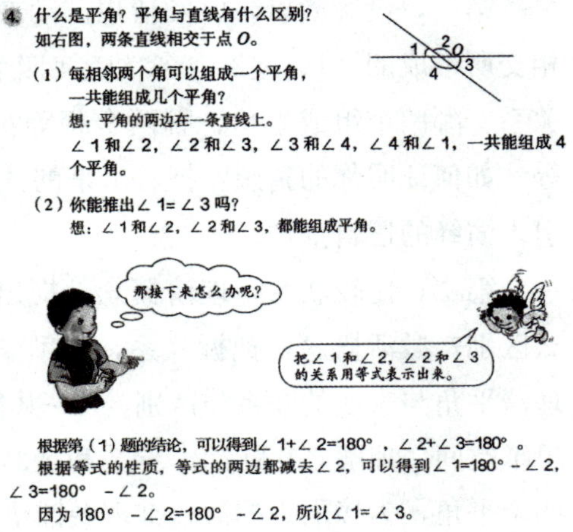
4. 什么是平角？平角与直线有什么区别？
如右图，两条直线相交于点 $O$。

（1）每相邻两个角可以组成一个平角，一共能组成几个平角？
想：平角的两边在一条直线上。
∠1 和∠2，∠2 和∠3，∠3 和∠4，∠4 和∠1，一共能组成 4 个平角。
（2）你能推出∠1=∠3 吗？
想：∠1 和∠2，∠2 和∠3，都能组成平角。

根据第（1）题的结论，可以得到∠1+∠2=180°，∠2+∠3=180°。
根据等式的性质，等式的两边都减去∠2，可以得到∠1=180°－∠2，∠3=180°－∠2。
因为 180°－∠2=180°－∠2，所以∠1=∠3。

“简单的几何证明”一课以两条直线相交组成四个角，要求证明这四个角中相对的两个角相等。教材以问题为导引，设计启发性的问题，引导经历推理过程。

问题 1：什么是平角？从概念入手理解平角的含义，为后面建立等量关系提供帮助。

问题 2：平角与直线有什么区别？为理解两条直线相交组成的四个平角提供严谨的思维基础。

问题 3：一共组成几个平角，引导学生理解依次两两相加，可以组成四个平角。

问题 4：你能推出∠1＝∠3 吗？启发思考：∠1 和∠2，∠2 和∠3，都能组成平角。为学生提供思维的依托，根据等式的性质进行推理。

问题 5：如何理解推理过程？根据∠1＋∠2＝180°，∠2＋∠3＝180°，得到∠1＝180°－∠2，∠3＝180°－∠2；因为 180°－∠2＝180°－∠2，所以∠1＝∠3。

演绎推理是一个科学、严谨的思维过程，整个推理过程中有理有据，问题 1、问题 2 帮助学生厘清相关概念，为演绎推理的严谨表达提供基础，问题 3、问题 4 从演绎的角度启发学生理解四个平角间的关系，问题 5 重在引导学生经历完整的推理过程，学会用“根据……得到……”“因为……所以……”的语言进行表达，学会应用逻辑语言表达自己的推理过程，学会数学地表达自己的思考过程，培养学生的逻辑推理能力。

（2）课堂践行。

小学阶段的演绎推理往往是从一些定义、性质、规律出发，按照逻辑推理的法则进行推理与证明。“简单的几何证明”从直线与平角两个基本概念出发，研究两条直线相交组成的四个角之间的关系。在课堂教学中，要把握演绎推理的本质，经历严谨的推理过程，学会演绎推理的一般方法，本课可以设计如下教学过程：

第一，设疑激思，启发猜想。动态呈现两条直线相交的情境，依次展示相交所形成的∠1、∠2、∠3和∠4四个角，提出问题：这四个角之间有什么关系？哪两个组成平角，哪两个相等？进而启发猜想：你看出来哪两个角相等？如何证明你的猜想？把看出来的“猜想”提升到说出来的“推理”层面，引入演绎的逻辑推理。

第二，比较联系，理清概念。提出问题：什么是平角？平角与直线有什么区别？激活概念，把握联系，帮助学生理解“平角的两边在一条直线上”，理清平角与直线的联系与区别。“一共能组成几个平角”，进一步拓宽学生的思维空间，理解∠1和∠2，∠2和∠3，∠3和∠4，∠4和∠1依次可以组成四个平角，为接下去的演绎推理做铺垫。

第三，以问导思，尝试推理。以“你能推出∠1＝∠3吗”启发思考与推理，把看出来的“猜想”有理有据地严谨表达出来，让人听得心服口服，这就是演绎推理。把学习的主动权交给学生，让孩子学会用“根据……得出……”“因为……所以……”来表达自己推理。首先，可以借助概念的理解，因为∠1和∠2组成一个平角，∠2和∠3也组成一个平角，所以可以写出∠1＋∠2＝180°，∠2＋∠3＝180°两个等式；其次，根据等式性质找出等量关系。根据∠1＋∠2＝180°，∠2＋∠3＝180°，得到∠1＝180°－∠2，∠3＝180°－∠2；最后，根据等量替换进行推理。因为180°－∠2＝180°－∠2，所以∠1＝∠3。

第四，交流表达，自主推理。演绎推理贵在用严密的思维、严谨的表达进行有依据的推理。在学生自主交流的基础上，引导学生尝试完整地推理表达，经历严谨的推理过程。最后，让学生自主推出∠2＝∠4，先在小组内交流自己的推理过程和依据，再在班里汇报推理过程，体会演绎推理的一般方法。

整个推理过程看似一气呵成，不露痕迹，其所蕴含的演绎推理形式严谨而又科学，让学生初步体会数学表达的严密与精准，推理过程需要科学的依据和合理的推导，培养学生良好的数学表达习惯，发展学生的逻辑推理能力。

## 第三节　数学建模——数学应用的基石

2011 年版课标指出："模型思想的建立是学生体会和理解数学与外部世界联系的基本途径。建立和求解模型的过程包括：从现实生活或具体情境中抽象出数学问题，用数学符号建立方程、不等式、函数等，表示数学问题中的数量关系和变化规律，求出结果并讨论结果的意义。"可见，模型是用数学的语言描述现实世界所依赖的思想，是学生体会和理解数学与外部世界联系的基本途径，可以用来解决一类具有实际背景问题的数学方法。2017 年版高中课标把"数学建模"作为六大核心素养之一，明确指出："数学建模是对现实问题进行数学抽象，用数学语言表达问题、用数学方法构建模型解决问题的素养。"

数学建模是一种数学思想方法，运用数学的语言和方法，从数学的视角发现问题、提出问题，分析问题、建立模型，最终解决实际问题。数学建模是建立数学模型来解决问题的方法，经历"问题情境—建立模型—求解验证"的探究学习过程，数学建模有利于激发学生发现、提出问题，分析和解决问题，提高学习数学的兴趣和应用意识。

### 一、数学建模的特征

数学建模往往把实际问题经过分析、简化转化为一个数学问题，然后用适当的数学方法去解决，最后形成数学关系结构或数学表达。在小学阶段，数学建模一般表现为数学的概念、算法、性质、规律以及一些数量关系等，数学建模具有现实性、客观性、规律性和实践性等特征。

1. 现实性。

数学建模为学生搭建了数学与外部世界联系的桥梁，是数学应用的重要形式。数学建模研究现实的有意义的数学问题，其现实性表现在从生活中抽象出数学问题，用数学的思维分析问题，在解决问题中建构数学模型，并用数学模型解决现实中的类似问题。因此，现实性是数学建模的起点和归宿，是现实生活的数学化过程，它源于生活又用于生活，用数学的思维发现并提出数学问题，用数学的模型分析并解决现实问题。

2. 客观性。

客观性表现在学生用数学的思维客观地认识现实世界，从数学的角度收集生活中的有用信息，树立正确的认识论，有意识地用数学语言表达现实世界，发现和提出问题，感悟数学与现实之间的关联，客观地反映现实中的数量关系和空间形式，并尝试从数学的角度进行分析、表达与建构。

3. 规律性。

规律性表现在数学建模中研究数学的概念、现象或特征，从中发现数学内部的性质或规律，从一般性中发现蕴含其中的规律性，实现数学建模，并学会用数学模型解决实际问题，积累数学实践的经验，感悟数学思想和方法。

4. 实践性。

实践性表现在学生认识数学模型，在操作实践中建构数学模型，体会数学建模的实践作用，感受数学模型在社会生活中的应用，能用所建构的数学模型解决生活中的实际问题，发展学生的综合实践能力，培养创新意识和科学精神。

## 二、数学建模的过程

数学建模是应用数学解决实际问题的基本手段，学生经历从生活到数学再回到生活的数学化过程，在“问题情境—建立模型—求解验证”中，有意识利用数学的概念、原理和方法解释现实世界中的现象，并尝试从数学的角度解决现实世界中的问题。数学建模过程一般经历抽象问题、分析解决、建立模型、解释应用四个过程，现以人教版四年级下册“乘法分配律”为例，理解分析学生数学建模的过程。

1. 抽象数学问题。

数学建模的第一步要有数学问题，而问题的来源是学生的生活实际，但在孩子的世界里他们只看到现实中的人和事，只有童真童趣，毕竟玩是孩子的天性。为此，作为数学教师要善于培养学生发现的眼睛，用数学的眼光观察现实生活，这样才会有许许多多跟数学有关的情境和故事，才可以从这些情境中抽象出数学问题。如在“乘法分配律”的引入一课，教师用课件展示的赵大叔菜园示意图：（单位：米）

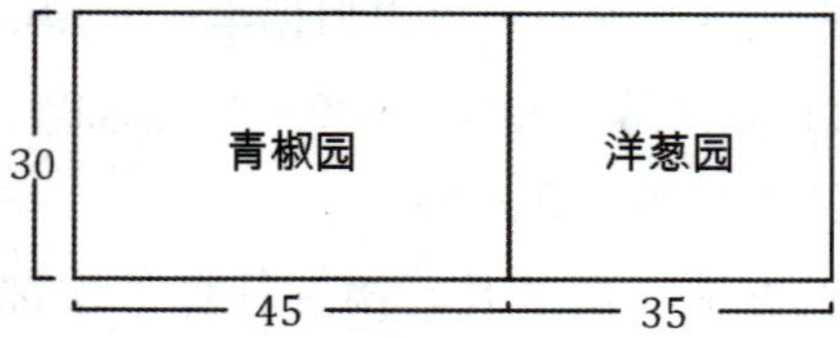


问题 1：根据以上数学信息，你能提出什么数学问题？启发学生用数学的眼光发现并提出问题，最后教师提出问题：赵大叔想在青椒园的一周围上篱笆，算算需要多长的篱笆？学生根据长方形的周长计算公式很快算出：（30＋45）×2＝150（米），或者 30×2＋45×2＝150（米），这时候，教师可以根据数学建模的需要启发并追问：这两种方法都算出所要求的篱笆的长度，结果都相等，也就是说这两个算式相等，我们可以用“＝”把它们连起来，写出算式：（30＋45）×2＝30×2＋45×2。这是乘法分配律的雏形，也是数学建构的基本模型。

问题 2：赵大叔这一整块菜地的面积有多少平方米？你能否也用两种方法算算？在问题驱动下，引导学生列出两种方法，即：（35＋45）×30＝2400，30×45＋30×35＝2400。这两个算式也相等，也可以写成：（35＋45）×30＝30×45＋30×35。进一步对基本模型做了强调和加深理解，积累模型的感性经验，促进对问题 3 的理性思考。

问题 3：这两组算式很有特点，仔细观察，你能发现什么？激发学生观察、比较、分析两种算式的特征，从数学的角度发现其内在的规律。这是对这一类特征的归纳和发现，是对乘法分配律数学模型的不断丰富、积累和提升，并从“类”的角度进行模型化的建构。

显然，问题 1 和问题 2 是对现实生活的数学抽象，从数学的角度发现问题，并应用已有的知识经验解决问题。问题 3 则是对数学内部的抽象，从两种不同的问题，不同的算式之间找到它们的相同属性，即两组算式的共同特征，沟通算式之间的联系，找出“类”的特征，也就是数学的基本模型，引导学生对这一模型的原型进行“类”的概括，帮助学生积累模型的特征和经验。

2. 分析解决问题。

学生对两组算式的观察和发现，只是停留在表面特征的感悟，形成这一类算式特征的基本模型，还需要对模型进行分析与理解。因此，需要在分析与解决问题的过程中实现模型的理解和建构。

从周长的计算方法分析：第一组可以根据学生常用的方法，“周长＝（长＋宽）×2”列出算式并计算篱笆的长，（30＋45）×2＝150（米）；也可以根据“周长＝长×2＋宽×2”列出算式并计算，30×2＋45×2＝150（米）。根据周长的定义，求出长方形一周的长，两种计算方法都根据公式进行计算，计算结果相等。因此，可以在两个算式之间找到等量关系：（30＋45）×2＝30×2＋45×2。

从解决问题的事理分析：第二组可以从事理层面理解，把整个菜地看作一个大的长方形，这时长方形的长是（35＋45），宽是30，根据长方形的面积公式，列出算式：（35＋45）×30＝2400（平方米）；也可以分别算出两个菜地的面积再相加，青椒园的面积是30×45＝1350（平方米），洋葱园的面积是30×35＝1050（平方米），再把这两块菜地的面积相加，也就是1350＋1050＝2400（平方米）。从解决问题的事理分析，两个算式计算结果相等，可以找到它们之间的等量关系：（35＋45）×30＝30×45＋30×35。

在分析解决问题中，逐步简约事理，去粗取精，提炼两个算式的基本内涵，运用数学方法归纳、概括本质属性，形成一定的表达形式，即生成数学模型，也就是乘法分配律的基本模型。

3．建立数学模型。

在对两组等式的观察比较中，引导学生发现数学内部的性质或规律，进而经历基本模型的建构过程。首先，启发思考。从中你发现了什么？这时学生对基本模型只是零碎的、模糊的感性认识，但也可以凭借感性的经验表达自己的看法和理解，加深对模型的认识。其次，举例验证。让学生根据自己对模型的认识，举出相似的算式，并尝试计算发现结果是否相等，举例的过程是验证的过程，更是对模型的不断累积和丰富的过程，为后面模型的建构提供基础和经验。再次，特征理解。在学生理解的基础上，先进行模型的初构，即左边的算式特征是：（＋）×（　　），右边的算式特征是：（　　）×（　　）＋（　　）×（　　）；再进行符号的抽象，假如左边的算式是（▲＋●）×■，那么右边的算式就是▲×■＋●×■，进一步抽象出基本模型（▲＋●）×■＝▲×■＋●×■。最后，数学建模。引导学生用自己的语言进行概括，两个数的和与一个数相乘，可以先把它们与这个数分别相乘，再相加，并用字母表示乘法分配律：（a＋b）×c＝a×c＋b×c，在学生理解的基础上进行数学建模。

4. 解释应用模型。

数学建模的价值是应用，即利用有关的数学概念、性质和规律解释现实生活中的现象，能应用数学模型解决现实世界中的问题，培养学生的创新意识和实践能力。如运用乘法分配律填空时，进行简便意识的渗透：

①（200＋8）×25＝（　　）×（　　）＋（　　）×（　　）

②50×（30＋4）＝50×（　　）＋50×（　　）

③（　＋　）×8＝47×8＋53×8

④（　＋　）×（　　）＝42×15＋18×15

以上这四个算式中，如果让你选择，你愿意选择哪边的算式计算？为什么？在理解模型的基础上，计算发现①②题选择右边能使计算简便，③④题选择左边计算更简便，在应用模型中，使学生体会应用乘法分配律能使计算更简便，凸显了数学建模的价值与作用，激发学生自觉应用模型的意识。

## 第四节　数学运算——“数与代数”的本真追求

2011年版课标明确指出：“运算能力主要是指能够根据法则和运算律正确地进行运算的能力。培养运算能力有助于学生理解运算的算理，寻求合理简洁的运算途径解决问题。”2011年版课标重新确认了“运算能力”在数学学习中的作用，强调了计算法则是计算结果唯一性的根本，运算定律是追求计算简洁性的保障，彰显“运算能力”在学生发展中的核心地位。2017年高中课标又把“数学运算”作为数学学科六大核心素养提出，明确指出“数学运算是指在明晰运算对象的基础上，依据运算法则解决数学问题的素养”。突出“运算法则”在解决数学问题中的作用，是学生进行计算的基本程序和方法。教学中，应引导学生理解基本运算，掌握运算法则，以计算法则为本，探究算理与算法的关系，在理解算理的基础上探究算法的多样性，根据法则体会计算结果的唯一性。以学生发展为真，引导学生自主探究算法，理解算理，体会运算定律的简洁性。

### 一、理解运算法则，培养运算能力

学生根据运算法则计算才能得到正确的结果，运算法则是学生计算的方法和规则，是程序化了的计算方法，是计算结果唯一性的根本保障。数学运算要求基于法则进行计算，在保障运算结果正确的前提下，根据运算定律追求运算的简洁性。因此，运算法则是学生正确运算的保证，是学生解决数学问题的基础，是培养学生运算能力的根本。

（一）挖掘运算本源，探究运算思路

在“数与代数”领域主要包括数的认识、数的运算、探索规律和常见的量四个方面的内容，其中“数的认识”和“数的运算”是最重要的两个方面，人教版教材在“数与代数”领域的编排主线是先“认识”后“运算”，这样的编排有利于学生运用所学的知识解决现实中的数学问题，发展学生的解题策略，培养学生的运算能力。

数学运算是小学阶段的基本内容，是学生解决问题的基础和关键，在小学数学教学中具有重要的地位。数学运算是“数与代数”领域培养和发展学生的基本能力和核心素养，在数学学习中应引起重视并培养，本真数学强调要从本源上找准学习起点，关注运算法则间的联系，实现方法正迁移，引导拓宽运算思路，启发学生自主探究运算。现以四年级上册“除数是两位数的笔算除法”为例具体阐述。

从运算本源看，二年级下册“有余数的除法”（如图1）引入除法的竖式计算，以“除法也可以写成竖式”呈现竖式计算的基本格式，此时，虽然没有运算法则，但引出了除法的竖式计算，让学生能根据乘法口诀求商，体会被除数、除数、商及余数的关系和位置，明确余数要比除数小。在三年级下

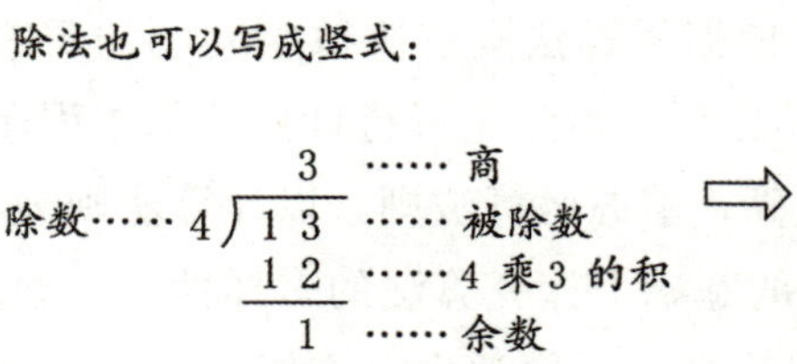


图1

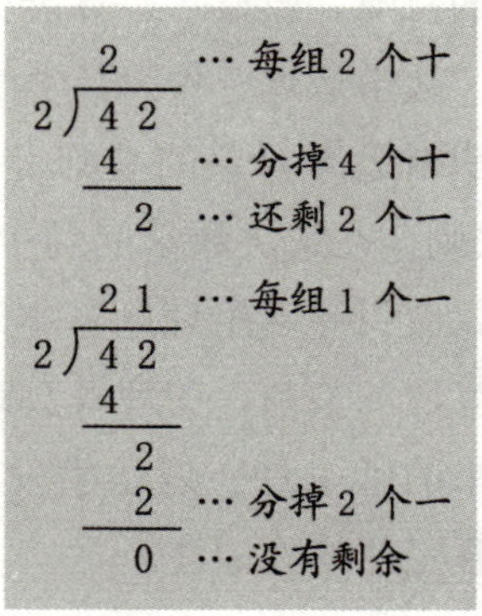


图2

册的“除数是一位数的除法”中，正式探究除法的运算法则（如图 2），让学生在解决问题中尝试探究除数是一位数的除法计算，在探索中概括运算法则（如图 3）。“除数是两位数的笔算除法”是“除数是一位数除法”的发展，其基本算理相同，计算法则相通。找准了运算的本源，教师可以放手让学生探究运算思路，自主尝试计算，在尝试基础上进一步理解算理，感悟算法的相似性，即：首先，从最高位除起；其次，除到被除数的哪一位，就在那一位上面写商；最后，每次除得的余数必须比除数小。教师引导学生应用所迁移的运算法则，探索运算思路，尝试用除数是一位数的除法法则计算，探索并理解算理，可以借助小棒图理解，也可以借助口算探索，还可以借助乘除法之间的关系理解，等等。不同的运算思路帮助学生理解基本算理，探索和发展算法，并学会自行概括法则（如图 4）。

1. 从被除数的 ___ 位除起，每次先用除数试除被除数的前 ___ 位数，如果它比除数小，再试除前 ___ 位数。
2. 除到被除数的哪一位，就把商写在那一位上面。
3. 每求出一位商，余下的数必须比除数 ___。

图 3

⇨

1. 从被除数的 ______ 位除起，先用除数试除被除数的前 ______ 位数，如果它比除数小，再试除前 ______ 位数。
2. 除到被除数的哪一位，就在那一位上面写 ______。
3. 求出每一位商，余下的数必须比除数______。

图 4

（二）把握运算本质，引导探究算理

传统的计算教学，教师往往过于重视计算法则的归纳，误认为只要死记硬背法则就能掌握计算技能，从而淡化了对算理的理解、算法的探究，使学生“知其然，不知所以然”，导致了学生的能力得不到很好的培养。人教版新教材重新出现计算法则，不是回归，不是强化，而是算理探索基础上的概括和提炼，注重学生的算理探索和理解过程。本真数学强调运算的本质，注重算理的探索与算法的理解，在研读教材的基础上把握教材编写意图，力求通过算理的探究过程，抓住数学运算本质，根据小学生认知特点，引导动手操作实践，启发学生动手动脑，经历完整的算理探索过程。

在“除数是两位数的笔算除法”教学中，首先，启发估算。引导学生用估算的方法算出可以分给 3 个班，估算可以帮助学生检验运算正确与否，是培养学生数感的有效策略；其次，引导口算。在估算基础上，学生自然联系乘除法间的关系，马上口算出 30×3＝90，92－90＝2，也就是说，用口算的方法可以算出分给 3 个班，还余 2 本。估算可以帮助学生检验判断，引发口算需要，口算帮助学生理解算理，为竖式计算的算法探索提供依据，启发学生自主探索算理；第三，探究笔算。这部分是教学的重点，应紧紧抓住运算的本质展开探究，一方面可以数形结合，通过摆小棒尝试探索，摆小棒的过程既是口算的再现过程，也是帮助理解算理的过程；另一方面可以引导学生根据“除数是一位数的笔算除法”进行探索，实现方法的迁移，帮助学生探究算理。在算理的理解过程中，要展现课堂真实与学生真情，针对学生的探究思路表现，启发思考商的位置，结合摆小棒及口算过程理解：92 里面有 3 个 30，商是 3，从算理上理解 92÷30，每个班不能分到 1 个十，帮助理解“3 为什么写在个位上”。同时，联系“除数是一位数的笔算除法”的笔算经验，除到被除数的哪一位，所得的商就写在那一位上。显然，除数是两位数，这里要先看被除数的前两位，为理解算法做好铺垫。结合学生的尝试计算，帮助理解算理，明晰商的位置，试商的过程以及余数的判断等，突出运算的本质，结合不同的算理探索，让学生在探索活动中加深对算理的理解，发展学生的创新思维，学会进行创造性地归纳，使运算更具灵活性和可操作性，展现真实的算理探索过程，实现真正意义上的数学学习。

在探究过程中，教师要允许学生“发明”自己的计算策略，使这种“发明”有利于他们独特的个性化的数学理解，有利于他们自主建构知识，让学生既要知道怎么算，又要知道为什么这样算，知其然又知其所以然。

（三）展现探究真相，选择运算方法

算法是解决“怎么算”的问题，是一种运算的规定。在计算教学中，概括算法和探究算理同样重要，探究算理为概括算法提供理论依据，算法概括为运算能力发展提供技术支持，只有遵循基本算法，才能确保运算结果的唯一性，才能凸显运算过程的简洁性。教学中，要注重在学生探究算理的基础上及时进行分析、比较，让不同的学生保留自己的个性理解，提炼独特的算法，产生算法多样化，并在反思中不断优化。在“除数是两位数的笔算乘法”中，例 2 是三位数除以两位数，是例 1 算法的发展，由于学生有了例 1 的探究经验和算理理解，例 2 教学可以启发学生思考“被除数的前两位比 30 小，怎么办?”把算理探索的主动权交给学生，启发学生的创造性思维，尝试探究的过程也是算法基本应用的过程。活动中，展现学生的探究结果，如遇到被除数的前两位数比除数小怎么办，如何试商，商的位置如何确定等问题，要

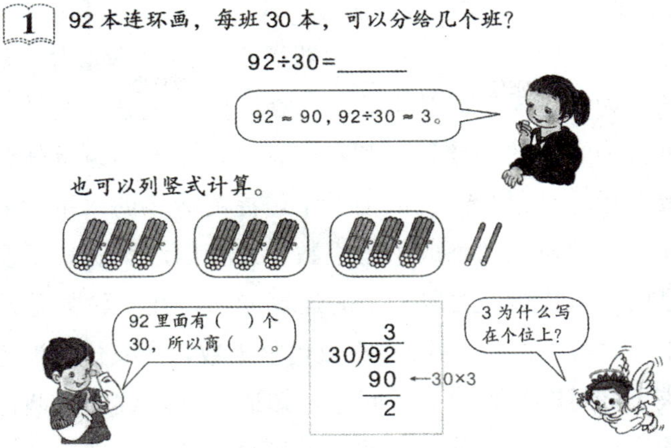


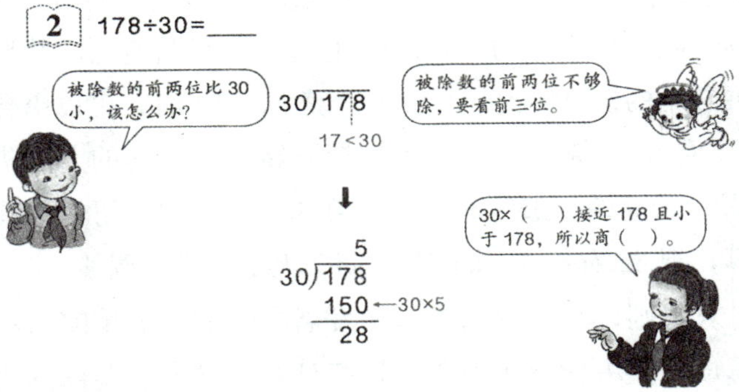


让学生在尝试计算中进一步理解，允许用自己的方法进行探索，使学生的算法得以验证和发展，不断充实并丰富运算法则的概括。进一步明晰，除数是两位数的笔算除法与一位数的笔算除法相同，都要从最高位起，除数有几位数，就要看被除数的前几位，如果被除数的前几位小于除数，就要多看一位，再除。这样，抓住了运算的本质，拓宽了学生的探究思维，同时也发展了运算的能力。

教学中，教师要多给学生一些提出质疑、探究、发现的机会和条件，在自主尝试用笔算方法进行探究中，让学生经历“尝试—对比—反思—再尝试”的思维过程，并用自己的语言进行比较清楚的描述（但不要求学生用统一的语言描述并加以强记），要加强算法的探索和法则的概括，让学生在应用过程中不断反思，在反思过程中体验、领会和掌握计算的基本方法，使计算法则成为学生运算时自觉的内在需求，并不断地内化为自己的运算能力。

（四）立足素养本位，发展运算能力

数学运算最根本的目标就是让学生获得良好的运算能力，要把运算能力的培养和发展作为学生素养的基本要求，在“数的运算”教学中，创造机会把计算法则外显为学生的解题技巧和熟练程度，使法则更具体化、灵活性和可操作性，要在运算结果唯一性的前提下，提高运算的水平。要立足素养本位，不能让无意义的强化训练成了学生数学运算的绊脚石，要及时引导学生概括发现自己的运算技巧，发展学生的运算能力。在“除数是两位数的笔算除法”一课中，学习了例 1、例 2“除数是整十数，商一位数”后，学生已经通过探索解决了试商以及商的书写问题，知道“被除数的前两位不够除，要看前三位”的道理，掌握了除数是两位数笔算除法的一般方法。所以，在教学例 3“除数接近整十数”时，大可以放手让学生运用所学的法则自行解决，在解决中培养学生的探索能力，发展学生的解决问题能力，并形成计算的基本技能，发展学生的运算能力。在尝试计算 84÷21 时，可以引导学生进行合作探究，把 21 看成 20 来试商，把新知探究转化成已学的方法进行解决，并在探究中懂得了试商的一般策略。在计算 430÷62 时，可以大胆放手让学生进行尝试计算，把 62 看作 60 来试商，商 7 大了，进行调整，改商 6。在自主探究中领会计算法则，在试商的过程中发展学生的试商策略，巩固和发展计算方法，在形成技能方面寻求突破，提高计算中试商、调商的机智，进一步体验理解并掌握计算法则。在“数与代数”领域，数学运算应是学生数学学习的必备品格和关键能力，运算能力是数学的基本素养，让学生在解决生活中的实际问题时能运用所学的计算技能，自觉地运用所学的计算法则进行具体的计算，并在判断推理中进一步理解法则、巩固法则，最终能熟练运用运算法则灵活计算，使计算法则在具体应用中得到升华，不但训练了学生的逻辑思维能力，而且发展了学生的运算能力，让学生经历一个“由懂到会，由会到熟，由熟到巧”的过程，不断提高运算能力。

因此，“数的运算”教学要落实数学运算这一基本素养，教师要把培养和发展学生的运算能力作为教学重心，引导学生经历算理的探究过程，注重引导学生在操作中明确算理，在探究中总结算法，基于学情从整体上把握教学内容，通过对算理的探寻加深理解，并在实际运用中不断优化，使计算法则内化为自己的计算技能，提高算法的掌握水平和运算机智，并促进运算能力的可持续发展。

## 二、发展估算策略，体现估算价值

### （一）结合数的认识，培养良好数感

学生对数感的感悟与理解从“数的认识”开始，一年级学生从最初的“10 以内数的认识”起就伴随着数感的培养和形成。教师在教学中应充分挖掘估算教学的基本内涵，从数感的培养角度进行分析，立足学生的生活实际和发展水平，结合数的认识，有意识地培养良好的数感。人教版教材在估算教学的编排上主要分三个阶段进行：第一个阶段是启蒙阶段。在一年级下册的“100 以内数的大小比较”中初步渗透估算内容，意在让学生在不知不觉的数数过程中接受启蒙的估算内容。教学中教师应关注学生对数感的理解和发展，尝试着用“多一些，少一些，多得多，少得多”来描述“红球 58 个，蓝球 15 个，黄球 10 个”之间的数的大小联系，让学生在比较中对估算有一定的感性认识，通过描述“红球比黄球多得多”“蓝球比黄球多一些”等，尝试表达数之间的大小关系，初步培养学生的数感。第二个阶段是发展阶段。从二年级下册“万以内数的认识”起，教材开始有意识地渗透教学近似数，教学中，教师应着重引导学生根据具体的生活情境理解近似数与准确数的不同含义，初步理解估算的含义，体会估算在生活中的作用，结合数的认识加深对数感的培养和理解。第三个阶段是成熟阶段。四年级上册结合“大数的认识”用“四舍五入法”省略“万”“亿”后面的尾数，主动渗透估算内容，突出了情境在估算中的作用，通过对大数的估计，培养学生良好的数感，发展学生的估算能力。教师在教学不同阶段渗透的不同特点，引导学生根据不同阶段对“数的认识”的局限性，在启蒙阶段可以让学生借助语言描述数的近似大小，用“多一些，少一些，多得多，少得多”来描述，在发展阶段可以尝试近似估计一个大数，而成熟阶段则能根据“四舍五入法”进行估算，有利于培养

和发展学生良好的数感，加强对大数的认识和估计，发展学生的估算能力。

（二）结合计量单位，培养估算意识

在计量单位教学中渗透估算是修编教学估算教学编排的一大特色，也是重视培养学生估算意识的重要体现。修编教材把估算教学应用到生活实际中，结合计量单位的认识适时地引入估算，既有利于学生感悟体验概念，也有利于学生迁移拓宽概念，帮助学生建构概念，培养学生的估算意识。如在教学二年级下册“克和千克”时，教师应紧紧抓住计量单位教学渗透估算，结合例3“王奶奶摘了20个苹果，估计一下大约重多少千克”，引导学生根据生活经验进行估算。教学中可以先引导学生进行必要的调查，通过调查发现：一般大的4个苹果的质量大约是1千克，估算一个大苹果的质量大约是250克；中等个儿的5个苹果的质量大约是1千克，估算一个中等苹果的质量大约200克。有了必要的调查过程，学生对苹果质量有了大致的了解，建立起数学上的“克”和“千克”与生活中苹果的质量的联系，更好地理解“克”和“千克”的概念，突出了估算在生活中的实际应用，培养学生的估算意识，突出估算的教学价值。再如在“千米的认识”教学中，先让学生“估一估，你家到学校大约有多远”，由于学生对千米有了一定的理解，再结合自己的经验，估出大致的距离，更好地建构千米的概念，让学生结合生活经验估算家里到学校的实际距离，发展学生对千米的认识。教学中，通过估一估的环节，培养和发展学生的数感，使学生对千米有更深的认识，加强估算与生活的联系，提高学生分析问题、解决问题的能力，突出估算在实际生活中的应用，培养估算意识。

（三）结合具体情境，培养估算策略

结合具体情境进行估算是课标对估算教材编写的基本要求，实验教材和修编教材都把它作为教材编排的基本思路，相比两套教材，修编教材更侧重具体情境的作用，删除了纯估算教学的内容，把估算教学融入具体生活情境中，具体编排思路沿着两条主线进行：一是让学生在具体的情境中“选择合适的单位估算”；二是在具体的生活情境中“选择合适的方法估算”。教学中，教师应充分认知教材编排的基本思路，让学生在具体的活动情境中感受估算的应用价值，掌握估算的基本方法，体验估算在生活中的应用，突出估算的应用价值和实践意义，培养学生的估算策略。在实际教学中，教师应从以下两个方面培养学生的估算策略：

1. 选择合适的单位估算。例如，在“万以内的加减法”教学中，教材编排了例4“一到三年级来了221人，四到六年级来了239人，441个座位坐得下吗?”教材编排这样的问题情境，旨在让学生通过观察、比较，选择估算解决实际问题。围绕“441个座位坐得下吗”，可以有精算和估算两种不同的解题策略，但相比之下，估算更趋合理，因为它能更快地对结果进行预估并判断。因此，在教学中应先引导学生观察题里的数据特征进行估算，通常学生会把221人估成200人，把239人估成200人，这样估出来的结果明显低于441，这样估成整百数明显有局限性，不能顺利解决问题。为此，教师应引导学生选择合适的单位进行估算，同样都往小估，221人估成220人，239人估成230人，它们的和就是450人，两种不同方法的比较，采用整十数进行估算更趋合理，往小估的和都比441大，所以判断坐不下。教学中，教师应培养学生从不同的角度选择合适的单位进行估算，通过对比判断培养和发展学生的估算策略，让学生根据已有的生活经验和估算基础，选择合适的单位进行估算，初步培养了学生的估算策略。

2. 选择合适的方法估算。估算的方法多种多样，有小估、大估、取中间值等多种方法，教材没有过多的解读和应用，而是提倡根据具体情境进行估算，其编排意图就是培养学生正确的估算品质，让学生在具体情境中选择合适的估算方法进行估算。如五年级上册“积的近似值”中的例8“妈妈带100元去超市购物。她买了2袋大米，每袋30.6元。还买了0.8kg肉，每千克26.5元。剩下的钱还够买一盒10元的鸡蛋吗?够买一盒20元的吗?”教材选择了生活中缤纷复杂的购物问题情境，让学生融入生活，在具体的购物情境中自觉应用估算进行判断。教学中可以引导学生选择合适的方法进行估算，如小亮往大估：“1袋米不到31元，2袋不到62元；肉不到27元；买一盒10元的鸡蛋，总共不超过62＋27＋10＝99（元）。够了。”每个数据都往大估，结果也够买，所以判断够。小丁往小估“1袋米超过30元，2袋米超过60元；1千克肉超过25元，0.8kg也就超过25×0.8＝20（元）。如果买20元的鸡蛋总共就超过……”每个数据都往小估了，算出不够买一盒20元的鸡蛋。像这样现实的生活情境，多种估算策略的选择让学生进行估算，有利于学生在实际应用中实现解决问题策略的多样化，突出了估算的实际应用，发展了学生的估算策略，培养了良好的估算能力。

## 三、培养简算意识，发展核心素养

运算定律是“数的运算”体系中重要的数学规律，小学数学教学常见的有加法交换律、加法结合律、乘法交换律、乘法结合律和乘法分配律，俗称数学“五大定律”。它们在数的运算中具有重要的作用，因为它们不仅适用于整数、小数、分数的运算，也同样适用于有理数的运算。运算定律的学习不仅有助于引导学生进一步理解运算的意义，还有助于培养学生合理选择算法的能力，培养学生的运算能力，发展思维的灵活性。在“数的运算”中，要提高学生合理、灵活选用简算方法解决问题的能力，发展学生的简算技能，帮助学生形成简算意识。

### （一）加强基本训练，激发简算意识

人教版四年级下册“运算定律”单元汇集小学阶段的五条基本运算定律，把之前的教材中已经出现的零星的、感性的简算教学经验进行概括和应用，旨在让学生系统掌握五条基本运算定律，并在实际应用中灵活选择，提高学生的简算技能，发展简算意识。这些运算律是最基本的运算律，在后续的小数、分数四则运算中同样适用，还是中学学习整式运算的基础，因此其在数学学习中的地位不容忽视。

教学“运算定律”这一单元，是学生学习并建构运算定律的开始，教师要把握运算的本质，基于学情引导学生系统学习并掌握这五种运算律，要进行适当的基本训练，针对一些易错易混的习题，适当设计一些相应的习题，有针对性地加强简算的专项训练，让学生巩固所学定律。从教学实践看，加法交换律和结合律，乘法交换律和结合律在之前教材中已有所渗透，且在加法和乘法之间迁移性较强，因此学生比较容易掌握。而乘法分配律虽在“长方形周长的计算”教学中有所涉及，但没有作为基本定律来探究，因此学生理解得并不深刻。尤其是运用乘法分配律解决实际问题时，有时要顺向运用，先分别算积再求和，如（80＋8）×125＝80×125＋8×125，使计算简便；有时则要逆向运用定律，先算和再求积，如72×8＋28×8＝（72＋28）×8，进行简便计算。这就增加了学生学习的难度，困扰学生对乘法分配律的实际应用，到底什么时候简算，怎样才能更简便。在乘法计算中，有时还可以利用

“拆数”进行简算。如，简算 72×125、88×125 时，部分学生不知怎么拆，拆后是用乘法分配律还是乘法结合律尚不明确，这些都是因为学生对五大定律的运算本质没有突破，未能从定律本质上理解简算。因此，教师要针对存在的问题设计专项训练，引导学生观察、比较，分析具体的数据特点，把握乘法分配律的本质，从顺向、逆向两个方面分析特征，选择合理的计算方法。

在“数的运算”中，还有渗透了根据“商的变化规律”和“积的变化规律”进行简算，以及减法的性质等，极大地影响了学生对运算定律的准确把握和实践应用。还有一些题目受特殊数据的影响，容易让学生误认为可以简算，如 672－36＋64，25＋75－25＋75，学生看到题里的数据特征就想简算，缺乏正确的判断能力。诸如这些错误，是受算式数据特征的影响和误导，主要的原因是学生没能理解好定律的内涵与运算本质，没能从定律和性质本身出发解决问题。因此，教师要针对学生学习简算的心理和常见问题，分析产生错误的原因，加强基本训练，提高学生的判断能力和应用能力。必要的时候，还可以针对学生作业中出现的问题，进行分类训练，提高学生灵活运用运算律计算的能力。

（二）加强自觉应用，形成简算意识

“运算定律”单元教材编排的整体思路是：结合学生熟悉的问题情境，让学生理解运算定律的现实背景，分析计算结果，比较不同的解法，提出合理的猜想，然后举例验证规律，运用规律解决问题，初步感受简算的实用性和快捷性。因此，教师既要加强定律的探索过程，又要注重定律的实际应用，同时，也要注重培养学生的简算意识。

1. 课堂教学中培养简算技巧。

教学中，教师要以解决问题为载体，创设学生熟悉的问题情境，引导学生用不同的方法进行解答，注重引导分析、比较不同解法间的联系，唤起学生探求内在规律的欲望，体会简便算法的便捷性。以人教版四年级下册“加法结合律”一课为例，教材呈现李叔叔三天骑车的里程表，表里所含的信息为第一天 88 千米，第二天 104 千米，第三天 96 千米，要求学生计算李叔叔三天一共骑了多少千米。引导学生列出算式 88＋104＋96 和 88＋（104＋96），在计算、比较后，发现这两种算法的结果都等于 288 千米，但 88＋（104＋96）计算起来比较简便，结合具体的情境理解算理，理清 88＋104＋96 和 88

＋（104＋96）之间的联系，初步感受到在实际计算中，可以根据解决问题的需要先算后两个加数的和，使计算简便。此时，教师可以启发学生猜想：是否在三个数连加的计算中都有这种规律？并引导学生举例验证，探究规律。这样，在教师引导下，学生经历了完整的运算定律探究过程，经历了一个比较、内化的规律形成过程。通过两种方法的对比，真切感受到简算的好处，从运算本质上理解定律，在比较中体会到简算的优越性，生发了“简算的确很有用”的肺腑之言，唤起学生应用简算的意识，提高应用简算的自觉性。

2. 实践应用中增强简算技能。

2011年版课标在第二学段“内容标准”中指出：“探索并了解运算律（加法的交换律和结合律、乘法的交换律和结合律、乘法对加法的分配律），会应用运算律进行一些简便运算。”教学中，要以“引发猜想—探究定律—实际应用”为主线，让学生在具体情境中探索并掌握运算定律，用学到的运算律解决实际问题，体会简便算法的作用，提高学生的实践能力和应用意识。因此，教师在引导学生的实践应用中，要注重培养两种意识，一种是探究意识，即从引发猜想到发现定律的自主探究意识，这需要教师引导学生从特例引发猜想，在举例验证过程中自主发现规律；另一种是应用意识，即从掌握定律到实践应用的主动应用意识，这种意识是学生学习运算律的灵魂。教师要通过具体的实例使学生明确，规律唯有在应用中才能体现使用价值，提高学生的简算意识。如果单纯从计算层面教会学生简算，学生获得的往往只是知识，最多也只能在计算技能方面得到培养。只有获得技能并在解决问题时自觉地灵活地选择合理的算法进行计算，学生的应用意识才能得以培养，简算意识才会得以提高。简算教学的基础是让学生掌握简算的方法，更重要的是让学生在解决具体问题中自觉地应用简算技能，同时获得积极的愉悦的情感体验，只有这样学生才会从心底里主动接纳，才能使“主动应用简算”成为可能。所以，学生发现规律后，教师一方面要设计相应的习题进行巩固训练，强化学生的简算技能；另一方面还要设计相应的生活问题，让学生根据数据特点合理选择运算律进行简算，增强应用简算解决问题的自我意识，产生自觉应用的需要，提高简算意识。

（三）加强综合应用，发展简算意识

在学生掌握了运算定律后，教师还要引导学生自觉应用简算技能解决问题，使之成为自觉的行为，让学生在现实的问题情境中，能自觉地根据运算律解决问题，使数学运算不是单纯的数学计算，而是融入学生的运算能力，快捷地、简便地进行计算。

简算意识是一个意识形态的范畴，对其的培养需要一个渐进的过程，要通过在具体的应用中，不知不觉地让学生感到自我的需要，这种行为需要是在方法掌握和技能形成的基础上逐步形成的，当学生对这种行为需要积累了一定经验之后，“我要用最简便的方法来计算”在头脑内部便应运而生了。因此，在“数的运算”教学中，教师要进一步培养学生的数感，发展学生的计算技能，提高学生应用定律的能力，更要逐步培养和发展学生的简算意识。数学上的优化思想一如既往地渗透到数学教学中，这种思想、这种意识其实是一种从关注形式到关注实质的变化，是学生个体策略水平提升的表现。教师要致力于学生能力的发展，要立足素养本位，以培养学生的数学运算素养为导向，让学生在具体的数学运算中，自主地选择运算律解决问题，在探究定律中提高发现、概括的能力，在应用定律中提高判断、推理的能力，还要创造条件让学生有意识地选择和应用定律，培养和发展学生的简算意识，提高应用定律解决问题的能力。

## 第五节 直观想象——“图形与几何”的本真追求

2017 年版高中课标关于“直观想象素养”的界定是“直观想象是指借助几何直观和空间想象感知事物的形态与变化，利用空间形式特别是图形，理解和解决数学问题的素养”。“直观想象”素养的培养主要在“图形与几何”领域，落实在课堂上包括：借助空间形式认识事物的位置关系、形态变化与运动规律；利用图形描述、分析数学问题；建立形与数的联系，构建数学问题的直观模型，探索解决问题的思路。“图形与几何”领域是从图形的认识开始，教材关于“图形的认识”编排的主线是“立体—平面—立体”，在现实生活中，学生每天都在接触并感知立体图形，他们对图形的认识总是从立体图形开始，但对立体图形的初步感知只是大致的、模糊的。平面图形是依附立体图形上的一部分，因此，先认识平面图形再认识立体图形，是数学知识建构的逻辑关系，是学生探究“图形与几何”的基本过程，是基于学生认知经验的科学编排。从立体到平面是基于生活到数学的数学抽象，从平面再到立体既是一种从数学到生活的直观想象，同时也是从数学到数学的逻辑推理。所以，“图形与几何”教学中，要尽可能沟通数学与生活的联系，通过生活现实抽象基本图形，通过图形想象空间形式，从数学角度观察生活中物体的形，帮助学生从生活中抽象图形，借助图形探究图形的特征，利用图形描述分析数学问题，建构数学问题的模型，实现自主探索和自我建构。“长方形和正方形的认识”一课，具体阐述直观想象在“图形与几何”中的本真追求，基于学情从认知需要出发引导探究，帮助学生实现自主探索和自我建构，抽象出图形的一般性，探究并认识图形的特征，培养学生的空间观念，发展直观想象能力。

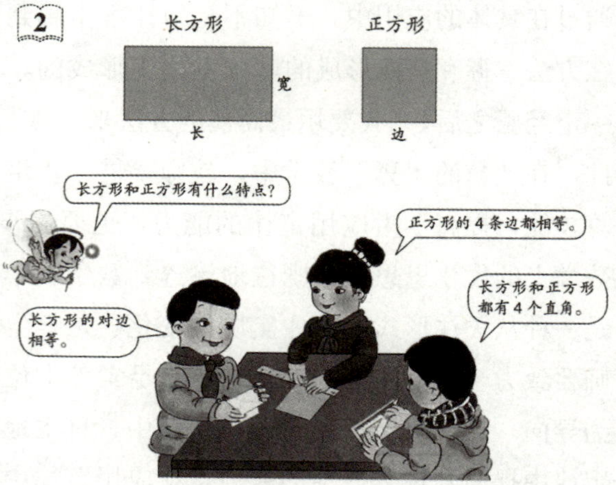


## 一、借助空间形式抽象图形，从本源上理解知识

2011年版课标明确指出：“空间观念主要是指根据物体特征抽象出几何图形，根据几何图形想象出所描述的实际物体；想象出物体的方位和相互之间的位置关系；描述图形的运动和变化；依据语言的描述画出图形等。”这是课标对“图形与几何”教学的目标要求，也是培养学生空间观念的基本要求，更是“直观想象”素养形成的关键因素。在“图形的认识”教学中，教师要重视从现实生活中抽象出几何图形，在认识并理解图形中抽象出数学概念（具体的图形），在具体背景中抽象出图形的一般特征，并会用数学语言进行表达，突出数学的本质特征。

在教学“长方形和正方形的认识”一课中，由于对平面图形的认识，实际上孩子们从幼儿园就开始接触，并在一年级下册“立体图形的认识”中有了一定的感性认识，但真正对平面图形的认识是从这节课开始的。在教材编排上，“长方形和正方形的认识”是“图形的认识”的起始课，虽然在生活经验上，学生已经积累了长方形和正方形的感性认识，但在方法上，缺乏基础和经验。因此，教学中教师应注重引导在探究中理解并掌握探究的一般方法，要从学生已有的经验出发，找准他们的认知起点，引导学生充分感知，并借助自己的探究经验尝试自主认识，引导概括并发现图形特征。在这节课中，教师要教给学生如何抽象，引导观察，启发探究等，注重学生直观想象素养的培养，要通过直观，积累图形的基本经验，借助想象抽象图形基本形状，引导抽象感受图形的基本特征。从某种意义上讲，抽象是认识图形的基本思想，直观想象是认识图形的教学根本。由于长方形和正方形在学生的日常生活中随处所见，而且在一年级下册就直观认识了长方形和正方形，他们对长方形和正方形并不陌生，大多数学生都能通过观察辨认和区分出长方形和正方形。这是学生学习的基本学情，是长方形和正方形认识的本源。教学中，先从孩子们已有的经验入手，让学生走进生活，寻找身边的长方形和正方形，然后他们从若干平面图形中找出长方形和正方形，唤起生活经验。接着，让学生在方格纸上画出喜欢的长方形和正方形，画的过程就是经验的激活与唤醒，是从“体”到“面”形的抽象，更是有效激活经验的直观想象。这样的设计迎合了学生的探究心理和认知规律，找到了认识的本源性知识，实现从生活到数学的逐步抽象，凭借经验找到图形是一种初步的经验抽象，借助的是孩子的直观想象，通过直观生活中的“物”，想象数学上的“象”，直观旧知的“象”想象新知中的“形”。从图形中找出长方形和正方形就是一种数学化的抽象过程，借助直观想象，唤起“形”与经验对接，用的是数学的方法，是探究的方法基础，是认识图形方法的本源性。最后，在方格纸上画出图形是特征抽象刻画的过程，是直观想象的高阶表现，是经验的激活与利用，通过直观想象，让学生画出经验中的长方形和正方形，正是基于学生经验中的形的外化，画出长方形的特征对边相等，正方形的基本特征四条边都相等，学生不会画平行四边形的模样，那是因为他们觉得长方形和正方形的四个角都是直角，正是借助“画”的过程，展现学生思维深处的图形特征。这样的设计，充分挖掘知识本源，找准学生的认知起点，借助空间形式调动他们多种感官参与探究的过程，初步感知长方形和正方形的特征，经历一个完整的数学化抽象的过程，培养学生的直观想象能力。

## 二、借助几何图形描述特征，从本质上把握知识

“图形的认识”学习之初，学生已经对所要认识的图形有了一定的生活经验和感性认识，如在“长方形和正方形的认识”这一课前，学生在一年级上册就已经认识了一些基本图形，包括长方体、正方体、圆柱和球等立体图形，以及长方形、正方形、圆、平行四边形、梯形等平面图形。学生对长方形和正方形有了初步的认识，积累了一定的感性经验，但只是一些初步的感知，积累了长方形和正方形的一些经验性的特征，对它们基本特征的探索与发现还需要借助一定的媒介进行研究与发现。教学中，教师要着重引导学生从数学的角度进行观察发现，学会认识图形的一般方法，借助几何图形从“边”和“角”两个方面进行探索，引导学生主动探究、自主建构，抓住数学本质，学会通过探究认识图形，描述图形的特征。

1. 用科学的方法认识图形。

“长方形和正方形的认识”是“图形的认识”学习的起始课，教师应注重正确引导学生观察图形，充分感知图形，掌握观察图形的一般方法，能借助有关工具动手操作、实际测量等，教给学生认识图形特征的基本方法。测量是一种最基本、最常用的，也是最有效的认识图形的方法。本节课中，应正式引入测量这一工具，在探究活动中，要引导学生用三角尺量角，发现长方形和正方形的四个角都是直角；用直尺度量，发现长方形的对边相等，正方形的四条边都相等，能借助测量工具实际度量，用科学的方法认识图形，引导发现图形特征。还可以引导学生动手操作，在自主探究的过程中，引导他们不但可以借助直尺量一量，还可以通过折一折等方法发现长方形和正方形边的特征，通过上下对折、左右对折，发现长方形的对边相等，再通过邻边对折发现正方形四条边都相等，可以通过对折把四个角重叠在一起，发现四个角都是直角，在动手操作中发现图形的基本特征，理解探究图形特征的基本方法。“图形与几何”教学的实质就是培养学生的直观想象，“图形的认识”数学本质就是把握图形特征，理解并掌握认识图形的一般方法，启发学生学会用科学的方法认识图形，理解并掌握图形认识的一般性，学会从数学的角度进行观察，通过测量、比较、分析等方法发现图形的特征，能用自己的语言描述特征，把握数学本质，理解图形特征，掌握探究的方法。

2. 用数学的语言描述特征。

在“图形的认识”教学中，教师要适时地启发学生思考，要关注学生之间的互动，留给学生充裕的时间观察、探究、发现。可以小组为单位，实现自主探索和自我建构的过程，通过交流发现长方形和正方形的特征；也可以启发学生对比分析，如本节课在孩子们动手操作的基础上，引导他们在对比中发现，在对比中概括，充分调动他们的多种感官参与探究活动，引导发现并概括图形的基本特征。在探究活动中，帮助学生积累基本活动经验，加深理解图形特征，引导学生借助几何图形描述图形特征，使他们对长方形和正方形的认识由表象上升到实质，突出认识图形的本质。语言描述既是对图形特征的感性表达，也是对图形认识的理性思考。借助数学探究，使内在的经验认识通过实践验证，发现潜藏图形内部的一般特征，通过科学发现，掌握探究方法，理解图形特征。借助语言描述，引导学生学会从数学的角度探究，在观察比较中发现图形特征，清晰表达学生的数学发现和图形特征，从角的特征发现长方形和正方形都有四个直角，从边的角度分析长方形和正方形又有什么特征，能用语言描述图形的特征，凸显数学表达的严谨性和逻辑性。

## 三、借助几何直观构建模型，从真相上内化知识

认识图形的本质是通过观察、比较、分析的活动过程探究图形的基本特征，其核心是发展学生的直观想象能力，关键是掌握一般的探究方法，重点是把握认识图形中学生的真实认知过程和真实的建构过程。教学中，教师应注重引导学生自主探索，自我建构，沟通图形之间的联系，还原图形的真相，展现真实的探究过程，理解图形的基本特征。

在“长方形和正方形的认识”中，为了实现真正的数学建构，引导学生借助几何直观构建模型，在探索长方形和正方形的特征的基础上，加强直观构建在内化知识中的作用，设计了三个不同层次的问题：一是激发想象。这是自主建构的第一层次：理解图形，有效利用图形特征进行直观想象。教师可以提出问题：有四条边、四个直角是什么图形？启发学生展开想象，当然，有困难的还可以尝试画出图形，学生借助空间想象，根据长方形和正方形的特征，在脑海中勾勒图形，想象出可能形成的图形。二是展现真相。第二层次的理解是根据图形的特征合理想象，可以引发学生思考：有四条边四个直

角的四边形就一定是长方形吗？根据图形的本质属性，引导学生根据图形的特征展开联想，直观想象图形形状，展现图形之间的特征，在理解特征的基础上比较、分析，做出判断，沟通长方形和正方形之间的联系。三是逻辑推理。逻辑推理是最高层次的理解，在掌握图形特征的基础上，启发思考，拓宽思维。如在刚才的问题上追问学生：在什么情况下长方形就变成正方形？这样的问题沟通了长方形和正方形之间的联系，有利于学生更好地理解它们的特征，把握特征的本质属性和非本质属性，厘清图形的基本特征。

正是有了三个不同层次的问题，沟通了图形之间的联系，展现了图形的面貌。在此基础上，让孩子们动手继续在方格纸上分别画出任意的一个正方形和一个长方形，进一步引导他们对比发现特征。正方形与长方形一样有四个角，而且都是直角，不仅对边相等，而且四条边都要相等，它不但具备了长方形的所有特征，而且还有自己的专属特征，即四条边都相等，在观察、对比、辨析的基础上理解正方形是特殊的长方形，让学生在辨析比较中加深对图形特征的理解和内化。这样的设计思路充分基于学生的年龄特征，以及他们观察图形的思维习惯，帮助学生直观构建模型，引导学生在自主建构中激发想象，展开探索，引导判断，并进行合理的逻辑推理，从真相上理解并内化知识，体现理解图形之真，即通过数学化的过程，引导学生直观建构知识模型，把握数学真相，构建图形特征。

## 四、借助空间想象发展素养，从本位上拓宽知识

数学抽象是数学的基本思想，是形成理性思维的重要基础，是发展核心素养的关键环节，体现了探索图形特征的基本途径。在“图形与几何”教学中，要把握图形认识的魂，激发学生的创新意识，借助空间想象，感悟蕴含其中的数学思想，发展学生的直观想象能力。在教学“长方形和正方形的认识”一课中，其数学本质就是帮助学生理解和掌握图形的特征，在探究中积累基本活动经验，借助空间想象，发展学生的直观想象能力，培养学生的空间观念。教学中要把学生的直观想象能力作为认识图形的必备数学素养，促进学生有效地数学探究，激发学生的创造性思维。基于学生的素养本位，要注重培养学生的直观想象素养，结合探究需要，设计操作活动，拓宽知识。在本课教学中，可以让学生先想一想，再摆一摆：1. 请用三角尺拼一拼，看

能不能拼成长方形和正方形；2. 利用小棒分别摆一个长方形和一个正方形；3. 在方格纸上画出一个长方形和正方形，并标出它们的长、宽和边长各是多少厘米；4. 用小正方形纸摆一个长方形或一个大的正方形……通过这样的操作活动，引导学生借助长方形和正方形的特征实践操作，加深他们对长方形和正方形特征的理解，激发学生的创新意识，在操作活动中积累实践活动经验，通过拼、摆、画等活动，加深对图形特征的理解，体会长方形和正方形特征的本质属性，从中感悟蕴含其中的数学思想，培养和发展学生的直观想象能力。在图形的组拼中，用两个完全一样的大三角尺可以拼出长方形，小的三角尺可以拼出正方形，进一步体会图形的特征，同时也为后续学习平行四边形的面积积累经验；在用小正方形拼大正方形或长方形的活动中，学生的推理能力也得到了一定的培养和发展，学生在自主合作、交流中，思维得到启迪；用小棒摆出长方形或正方形实际上就是利用图形特征选择材料进行图形的组拼，在方格纸上画出长方形或正方形，更是方法的提升和发展，在画的过程中借助探究经验和数学发现进行活动，培养了学生的直观想象素养，探究能力得到提升，图形特征得以进一步理解，拓宽了学生的数学思维，感悟数学思想，感受认识之魂。

学生的直观想象素养主要体现在“图形与几何”领域的学习中，在图形特征的观察、发现和概括中得到培养和发展，应贯穿在数学学习的全过程。教学中，教师应调动学生的学习积极性，在学生原有知识经验的基础上引导学生自主建构认知结构，抽象出图形的特征，引导学生经历探究过程，培养学生的观察能力、概括能力和初步的逻辑推理能力，发展空间观念，培养良好的数学素养。

## 第六节　数据分析——“统计与概率”的本真追求

数据分析是数学学科六大核心素养之一，是“统计与概率”教学的出发点和归宿。2011 年版课标把“数据分析观念”作为十大核心词语进行了解释，明确要求：“了解在现实生活中有许多问题应当先做调查研究，收集数据，通过分析做出判断，体会数据中蕴含着信息；了解对于同样的数据可以有多种分析的方法，需要根据问题的背景选择合适的方法；通过数据分析体验随机性，一方面对于同样的事情每次收集到的数据可能不同，另一方面只要有足够的数据就可能从中发现规律。”确立了数据分析的核心地位，要求在“统计与概率”教学中要培养学生的数据分析能力。2017 年版高中课标中又指出：“数据分析是指针对研究对象获取数据，运用数学方法对数据进行整理、分析和推断，形成关于研究对象知识的素养。”数据分析又作为培养学生的核心素养提出，进一步明确了其在“统计与概率”教学中的地位，又为发展学生的数据分析素养指明了方向。在“统计与概率”教学中，要让学生体会统计的价值与作用，分析蕴含其中的素养，并在课堂中践行素养本位。结合人教版四年级上册“条形统计图”教学阐述本真数学教学在践行数据分析素养中的现实意义、价值思考和实践经验。

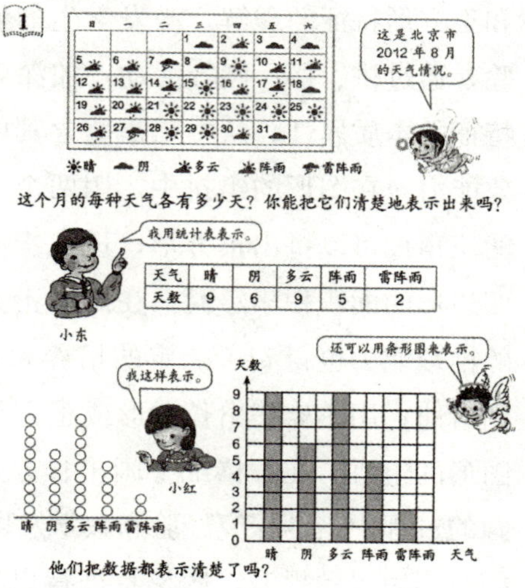


## 一、明确统计之根，突出统计的价值

统计内容与日常生活有着密切的联系，创设贴近学生生活实际的问题情境犹如一道桥梁，沟通了抽象的教材内容与学生理性思维之间的联系，将抽象的数学知识变得充满吸引力，既能引起学生的好奇心，又能激发学生的探索欲望。同时，还能让学生亲身感受统计的现实意义和学习需要，体会统计的价值。

在教学“条形统计图”一课时，借助 2022 年北京冬奥会吉祥物“冰墩墩”的发布，激发学生的爱国情怀，同时介绍 2022 年北京冬奥会相关信息，以老师受邀参加 2022 年 2 月 4 日至 2022 年 2 月 20 日在北京举行的冬奥会为载体，启发学生思考：老师在衣着穿戴上应该注意什么？我们怎么知道那时候北京的天气？引出调查的需要，收据的搜集。于是，提供给学生北京今年的二月份天气的数据，这些数据能说明什么问题？这些数据是否能帮助老师进行决策？你想怎么整理这些信息？……创设这样具有现实性的问题情境，自然而然地产生了整理数据的需求，让学生明白面对问题的解决需要做社会调查，面对复杂的数据需要做整理，引导学生选择合适的整理数据的方式，感受不同的表达形式。由于学生之前已经接触过统计表，他们可能更多地会选择统计表来整理，有兴趣的学生也可以选择象形统计图。当然，最后要引到所要学习的条形统计图，教学目标之一就是要收集整理数据，学会提取数学信息，用自己喜欢的方法整理数据，使学生体会到统计在现实生活中的价值。这样的设计，是基于学生现实生活调查的需要，是基于学生数学学习的需要，更是在充分调研学情基础上的整体把握，从现实需要出发激发统计的学习需要，从经验出发探索整理数据方式的多样性，凸显统计之根，即数据的收集与整理，体会统计的过程就是从现实生活中基于某种需要展开调查，在调查分析的基础上进行价值的判断，让统计切实用来解决学生生活中的数学问题，用统计可以帮助人们做判断、做分析、做决策，这就是统计的价值所在。

## 二、确立学习之本，突出统计的作用

建构主义学习观认为：学生不是空着脑袋进教室，在以往的学习中已形成丰富的学习经验，教学时不能无视学生原有的经验，另起炉灶。建构主义的观点与本真数学不谋而合，本真数学注重学生的前经验，基于学情就是要把握学生学习前的知识和经验，更要关注学生已有的思维形式和数学素养，找准学生的认知起点，确立思维活动的生长点。在统计教学中，要准确定位学生的数学学习之本，教学设计时，要不断追问自己：学习之初，学生对统计的已有认知是什么？通过教学，应达到哪个层次？学了统计，对以后的生活学习有什么用？对后续的统计学习，有怎样的素养要求？等等。教师要关注学生的学习起点，充分调研学情，以学生现有的数学知识和数学活动经验为新知识的生长点，引导学生从已有知识中“生长”出新的知识，要还原统计本来的面目，展现统计真相，凸显统计的价值与作用，注重引导学生对相关的统计进行对比、辨析，站在学生的角度看问题，展现课堂上学生的真实表现。

在教学“条形统计图”一课时，在充分调研学情的基础上，确立学生的真实起点：一是已经掌握一些收集数据的基本方法，如画图、打钩、画圈、正字统计等；二是能用单式、复式统计表进行数据整理；三是初步接触一些象形统计图等整理数据的方式；四是能根据统计表、象形统计图等提出和解决一些简单的数学问题。由于条形统计图是统计图的开始，是统计结果呈现的另一种表达形式，比统计表更加形象、具体，使人印象深刻。条形统计图可以基于之前的经验进行教学，与象形统计图比并没有本质的区别，用直条表示数量多少，只是形的变化，可以放手让学生经历统计的过程，并分析和解决问题。但这样的设计仅仅从学生的认知角度出发，呈现统计的结果，学生是很难从结果中体会“条形统计图”的特点。基于这样的思考，教学时可以创设现实的有意义的生活情境，如参加北京 2022 年冬奥会的活动情境，激发学生调查北京二月份的天气情况，帮助老师做分析、决策，尝试让学生根据问题的需要自主整理。由于学生统计的结果可能有统计表和象形统计图两种基本形式，教师可以放手让学生用自己的方式呈现收集到的信息，并适时地引导学生比较：统计表可以看出数量的多少，象形统计图更加形象具体、使人印象深刻，但不能直观看出数量的多少。教师要适时地启发思考：能否有一种新的统计图，既可以直观呈现，又能看出数量多少？这时候条形统计图应运而生，展现事先准备好的日常生活中常见的条形统计图，展现条形统计图的真相。在学生思考、理解、丰富的基础上，引导学生阅读课本，启发独立思考，小组交流。最后，通过全班交流共同完善条形统计图，这样一步步引导学生亲身体验“条形统计图”的产生过程，初步体会条形统计图的结构特点。教学中，通过课件引导学生进行两次比较，突出条形统计图的特点，凸显统计学习之本，体会统计的作用。一是统计表和象形统计图的比较，使学生明白：统计表能清晰地看出各组数据的多少，突出数；象形统计图能形象直观地看出呈现各组数量的多少，突出形。二是统计表与条形统计图的比较，让学生认识到条形统计图可以更直观、更具体、更容易地看出各组数的大小和数量之间的关系，突出数形结合。与统计表比较，统计图更生动、更形象地表示数据，也能使学生记忆更加深刻，突出条形统计图的作用。

### 三、理解分析之真，体现表达的方式

数据分析是统计教学的核心，是素养形成的关键。统计教学旨在培养学生的数据分析观念，能对一些杂乱无章的数据进行收集、整理，并能选择合

适的统计图表对数据进行描述、分析，从中提取有用信息，对调查结果进行推断、预测，为决策做判断、分析。在统计教学中，根据调查的需要选择合适的表达方式，借助统计的形式，可以是统计表，可以是统计图，也可以是统计量，对数据整理的结果进行科学的分析，为社会生活服务。因此，教师要突出数据分析的作用，根据解决问题的需要，尊重社会现实，尊重学生需要，尊重数据真实，凸显统计的可靠性、真实性和有效性，体现数据分析之真，数据呈现之实。

在教学“条形统计图”一课时，面对同样的统计问题，统计北京市二月份各种天气（晴、阴、多云、阵雨、雷阵雨）的天数，你能把它们清楚地表示出来吗？由于学生的知识经验和学习能力不同，不同学生对同一问题选择数据分析的方法是不一样的。概括起来主要有三种表现形式：一是单式统计表，选用绘制统计表的形式呈现数据，利用数的形式来表达数据分析；二是象形统计图，选择用分类与整理的方法，用象形统计图来呈现，体现图形直观的表达方式；三是条形统计图，选择用条形统计图来表达，突出数形结合。这三种不同的表达形式有什么联系和区别呢？在什么情况下，选择哪一种方式来表达最合适，这就需要对数据进行理解和分析，呈现的方式不同，作用也不同，体现了数据分析之真。象形统计图能直观看出每种天气的多与少，但不能直接看出每种天气各有多少天；统计表能清楚地看出每种天气各有多少天，但不能直观比较出天数的多少；而条形统计图融合了象形统计图与统计表的优点，既能直观看出各种天气有多少天，又能直观比较数量之间的关系。针对同一情景下不同的呈现方式的分析，显然，条形统计图区别于统计表的分析更直观、形象、具体，使人印象深刻，不易忘记；区别于象形统计图，其更能简洁地表达统计数据的呈现方式，更容易读出数量的多少。对比不同的统计图表，分析之真在于使学生体会面对同样的数据有多样化的分析方法，应从中选择最合适的方法，将收集到的数据合理地表达出来，掌握数据分析的方法，解释统计结果，有利于帮助学生积累统计经验，灵活运用统计知识来分析和解决问题。

## 四、感悟统计之魂，体会数据的分析

2011年版课标在第二学段关于统计内容的要求中指出：“经历简单的收

集、整理、描述和分析数据的过程。认识条形统计图，能用条形统计图直观且有效地表示数据；能解释统计结果，根据结果做出简单判断和预测，并能进行交流。”因此，统计教学之魂在于要引导学生从数据中提取尽可能多的有效信息，学会数学地思考，数学地分析，用数据说话，用数据决策。“统计与概率”教学之魂就是要培养发展学生的数据分析素养，应适时引导学生根据图表、读懂图表、理解图表，读懂图表显性的信息（如数据），也要读懂图表隐性的信息（如分析），要注重引导学生进行数据分析，借助整理好的数据从三个方面进行分析：一是数据本身的分析，即读取统计图中表面直观数据的多少；二是数据关系的分析，即读取图表中数据之间的联系（如谁比谁多，谁比谁少，相差多少等）；三是数据背后的分析，即根据整理后的信息进行预测、推理。从不同的层面进行分析，多方面培养学生的数据分析能力，发展学生的数据分析素养。

在教学“条形统计图”时，教师先出示完整的纵向条形统计图。首先，引导学生读懂统计图的组成部分，自学条形统计图的构成要素，如标题、单位、横轴、纵轴、大小相同的格子所组成的直条及数据，这些是认识条形统计图的基本要素，也是读图的基本要求。其次，根据统计图引导学生读懂所蕴含的信息，如横轴刻度表示天气，纵轴刻度表示天数，每一格表示的数量都是1等。再次，引导学生从三方面进行数据分析：一是直观读出晴天5天、阴天8天、多云9天、阵雨5天、雷阵雨2天；二是通过条形图中的直条高低，对比发现晴天和阴天天数一样多，雷阵雨天天数最少，通过计算知道二月份有28天等数据之间相关的信息；三是根据条形统计图信息，尝试预测明年或2022年北京二月份天气的大致状况。当然，教学不能仅仅停留在纵向条形统计图上，可以适当拓宽，延伸出横向条形统计图，再次引导学生读图中信息，使学生发现两幅图其实所表达的信息是一样的，只是知识呈现的形式不同，以打破学生的定式思维。最后，还要根据数据进行整体分析，分析天气情况，根据多云、阴天多，说明无须防晒；根据偶有雷阵雨、阵雨天气，说明要准备必要雨具等。还可以通过气温的调查，进行衣服的准备等。这样的统计切合实际，从而给老师出行提出合理建议，对同时期北京的天气做出合理的判断、预测和决策，让学生真切感受到统计的作用，彰显统计之魂，体会数据分析素养的应用价值。

数学教育家毕达哥拉斯说：“在数学的天地里，重要的不是我们知道了什么，而是我们怎么知道什么。”在“统计与概率”教学中，教师应抓住数学本质，明确统计之根，领会统计的价值。要分析基本学情，找到学习之本，真实体会统计的作用。要营造氛围，感受学生真情，在体验中理解数据分析之真，经历真实的数据分析，发展学生的数据分析素养。教师要围绕核心素养的落地，落实学科素养，使学生体会统计的价值与作用，学会根据具体问题选择合适的统计方法，并根据统计结果进行简单的数据分析和预测，以培养学生的数据分析素养。

# 第六章　本真数学课堂模式

## 第一节　读思达教学法的理论引领

《中国学生发展核心素养》指出："学生发展核心素养，主要指学生应具备的，能够适应终身发展和社会发展需要的必备品格和关键能力。"其核心是培养和发展"全面发展的人"，关键是培养学生"学会学习"。福建师范大学余文森教授所倡导的"读思达教学法"正是基于核心素养在课堂的落实，从阅读、思考和表达三个层面对课堂教学提出新观点、新理念。"读思达教学法"是核心素养背景下，余文森教授对课程改革提出的新观点，是对"立德树人"育人导向的践行和发展，对当前的课程改革具有重要的指导意义。本真数学教学正是在"读思达"教育理论指导下，对小学数学教学进行思考与尝试，充分借鉴了"读思达"理论指导教学探究，把握理论精髓，落实课堂实践。

### 一、读思达的理论内涵

在本真数学教学研究中，要紧紧把握"读思达教学法"的理论精髓，突出数学教学中阅读与表达的作用。数学阅读包括读懂知识、读宽知识、读透知识三个层次。即：读懂知识，要鼓励学生课前预习，读懂所学的知识内容，读懂所介绍的方法和途径，读懂数学探究的过程，读懂数学表达的呈现方式等；读宽知识，要多渠道收集相关知识，阅读相关课外书籍，网络查询相关内容，要引导学生多方面获取知识，体验获取知识的方法的多元性；读透知识，读出前后知识间的联系，理解数学与生活的联系，把握知识后续的研究方向等。数学表达的方式不局限于语言表达，还可以是图像表达、算式表达、操作表达、实验表达等。这其中，语言表达是最基本的表达形式，伴随着其他的表达方式。

## 二、读思达的实践价值

余文森教授指出："教学过程就是学生的学习过程，学习过程即阅读、思考、表达的过程，阅读、思考、表达是教学的三个基本环节。学生只有经过这三个环节的相对完整的学习，才能把知识转化、内化为素养，所以这是一种以学生学习为本位、让核心素养落地的教学法。""读思达"是面向所有学科的"基本"教学法，为本真数学的探索提供理论依据和科学指导，具有引领性的学科教学理论。本真数学教学正是基于学生阅读理解知识的基础上，对数学知识的思考与表达，追求学生个体对知识的本真阅读、独立思考和个性表达，一种反思多元知识背景下的数学理解和价值追求。

## 三、读思达的实践意义

本真数学基于学情，注重培养"全面发展的人"，关注数学教学的育人价值和实践应用，注重培养学生的阅读能力和逻辑思维，培养学生学会阅读，学会思考，清晰表达数量关系和数学模型。余文森教授的"读思达教学法"倡导让学生经历一个完整的学习过程，包括个人阅读、提出问题和学科表达三个方面，这对"本真数学教学"具有较强的理论引领，丰富了本真数学的内涵，突出数学阅读的学科地位，引领本真数学深入研究。立足阅读，重视数学阅读的作用，准确把握学生的知识经验，引导经历知识发生发展过程；凸显思考，遵循学生的思维规律和认知特点，培养学生有逻辑地思考，创造性地思考；自主表达，学会个性表达数学理解和探究发现，引导学生用自己的语言表达数学规律和思维过程。"读思达教学法"从阅读、思考和表达三个方面引领本真数学教学深入研究，丰富了本真数学理论内涵，指导开展课堂教学改革。本真数学教学在阅读教材内容的基础上，准确把握数学本质，展现真实数学探究，抓住教学中学生的真实起点，引导进入真正的数学探索，展现学生真实的认知过程，实现真实的数学建构，把数学学科核心素养的培育落实到数学课堂教学中。

## 四、读思达对本真课堂的实践指导

数学教学中，往往只注重学生思维的培养与发展，过多关注学生学习的探究与发现，弱化了学生的数学阅读和数学表达。基于数学的学科属性，教师要鼓励学生结合自己的理解，学会多样的表达方式，力求从数学角度理解知识，把握关系，呈现个性的表达方式。

本真数学教学是在充分课堂实践基础上提出的教学主张，在“读思达教学法”相关教育理论引领下展开探究，力求借助“读思达”理论，指导本真数学教学理论研究，数学学习的过程就是一个完整的阅读、思考与表达的过程，读是学习之本，思是教学之真，达是本真之宿。

1. 读是数学之本。

“读思达”理论认为，阅读的本质是认知输入和信息吸收。数学阅读的弱化导致学生获取知识的单一性和碎片化，学生的认知输入不足，直接影响了对教学内容的接受能力和理解水平。因此，本真数学教学强调数学阅读，注重培养学生多渠道获取知识，主要有课前预习、课中自学和课后研学。课前预习侧重阅读书本知识，课中自学重点读懂获取知识的方法指导，课后研学是阅读的最高境界，拓宽数学阅读，让学生主动提出问题、主动探究、主动学习。阅读是数学学习之本，是教学的基础，是探究的前提。通过数学阅读，探究知识的本源，把握知识生长点、知识连接点和知识结构点，只有抓住知识的本源才能找到学习的真实起点，才能从本源上理解数学，把握数学本质。

2. 思是教学之真。

数学是思维的科学，数学教学是思维的教学。本真数学课堂追求理性思维，以发展学生思维为根本，培养学生学会思考。“读思达”教学法也指出，教学的根本任务不是复制、记忆知识，也不是理解、掌握知识，而是培养学生的思考力、判断力、鉴赏力。本真数学教学的根本是发展思维，思是教学之真。数学课堂应把培养和训练学生的数学思维作为主要教学任务，注重引导学生在阅读理解的基础上，经历真实的探究过程，关注学生的思考过程和认知过程，培养学生创造性思维的发展，体现思考是数学教学之真。数学教学中，思考应贯穿教学的全过程，是教学出发点，也是教学的落脚点。本真数学教学着重探究基本概念、法则、规律和数量关系，在基本概念的建构中发展学生的数学思维，帮助学生理解概念、发展思维、感悟思想。基于学生的实际，注重培养学生的思维，使学生学会思考，有逻辑地思考，创造性地思考，培养和发展核心素养，彰显数学课堂探究之真，展现学生思维发展之真。

3．达是本真之宿。

数学表达是学习的最高层次，是本真数学的归宿，让学生学会在阅读理解的基础上表达自己的观点和看法。本真数学教学突出了核心素养的育人目标，确立了学习的根本任务是学会阅读、学会思考、学会表达，关注学习过程中学生的主动阅读、主动探究、主动思考、主动表达，立足阅读基础上的理解和探究，关注数学知识发生的过程，展现真实的探究过程和认知过程。其最终回归点就是数学的表达，数学表达是学生阅读理解的一种真实展现，表达学生的思维过程和数学理解。数学表达包括语言表达、算式表达、符号表达、图像表达、关系表达等，通过表达，使学生内在的思维、潜在的知识能被激活，转化并升华为能力，通过语言、符号等载体呈现出来，为他人所交流和接受。数学表达是本真教学的根本任务和价值导向，是对数学规律探索的概括和表达，是对数学知识的理解和发展，是读思达理论的丰富和发展。

## 第二节　读思达教学法的实践指导

“读思达”倡导读、思、达三者有机统一，相互促进，互为目的，互为手段，不能截然分开。本真数学教学以学生素养发展为中心，以阅读、思考、表达为主线，其中读是基础，思是关键，达是核心，三者相辅相成，三位一体。

### 一、强调“读”与“思”的融会

数学阅读不是单纯的阅读，应伴随着思考进行，阅读的过程也是思考的过程，要在阅读中理解、思考、反思和推理，是读与思的融合与领会。本真数学教学倡导课前阅读、课中自学、课后研学，课前阅读带着导学问题进行，课中自学带着明确要求阅读，课后研学带着数学问题主动探究、主动学习。

以人教版四年级下册“三角形内角和”一课为例，课前预习导思：什么是内角和？不同类型的三角形内角和相等吗？三角形内角和有什么规律？你想怎么研究三角形内角和？除了课本介绍的方法，你还有其他方法吗？让学生带着问题阅读，让数学阅读有思考，数学思考有理解。课中自学导思：教材中“画几个不同类型的三角形。量一量，算一算，三角形内角的和各是多少度”你怎么理解？“我的这个直角三角形的内角和大约是 180°”“我的是锐角三角形，也是……”你想到什么？是不是所有的三角形内角和都是 180°？你想怎么验证？课本介绍的这种方法是否验证了所有三角形？再次阅读课本，学生会将知识与探究紧密相连，把阅读与思考有机融合，促进阅读更加有效，思考更加深刻，探究更加合理。这样的阅读帮助学生理解内角和的含义，引导学生画出不同类型的三角形，体现普遍性、一般性的特征，让学生分别量出它们的内角，计算它们的内角和，从而探究发现内在的规律性。正是基于思考的阅读，使得数学学习更加有效，在读思达指导下的本真数学教学探究更具合理化和实效性。课后研学激思：三角形内角和的探究方法有什么值得借鉴的？四边形的内角和是多少？五边形、六边形、N 边形呢？这些图形内角和之间有怎样的联系等。

带着这些思考，激发学生开启研学之路，引导学生继续探究多边形内角和方法间的联系，获取更好的探究方法，引导学生更深入的数学阅读。

## 二、促进“思”与“达”的贯通

本真数学教学尊重客观事实，遵循客观规律，着眼学生需要，立足课堂现实，抓住数学本质，准确把握数学基本概念，展现学生真实，探究数学真相，还原数学本来的呈现方式，经历知识的发生发展过程，让学生经历真实的探究过程。这里的真实指的是课堂真实，体现学生真实的思考过程和真实的数学表达，学生对知识的理解与思考，由内而外地展示他们的思维过程，而表达便是展现的过程。学生可以借助图像表达、符号表达、算式表达或者语言表达，真实表达他们的探究过程，真实展现他们的思维发展，以及他们对知识的理解、掌握与接受，实现思与达的贯通，让学习真正发生，知识彻底理解。

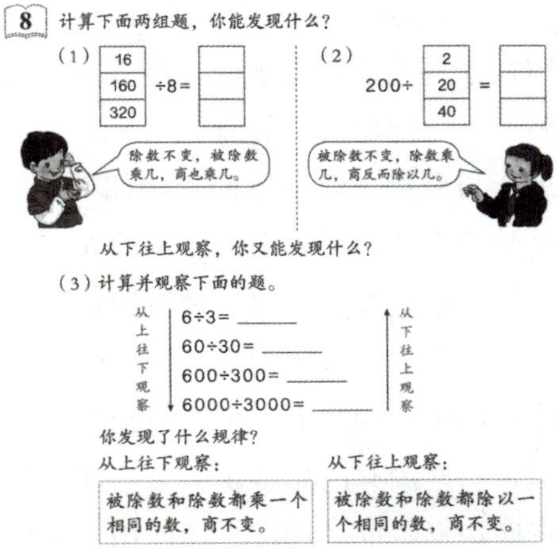


在教学“商的变化规律”时，可以引导学生回忆“积的变化规律”，根据积各部分之间的联系，促发学生思考：商的变化规律可能是什么？引导学生提出猜想：猜想一，除数不变，被除数扩大（缩小）几倍，商也扩大（缩小）几倍；猜想二，被除数不变，除数扩大（缩小）几倍，商也缩小（扩大）几倍。数学猜想是有理有据的思考，有了猜想，还得要有验证，有推理，这也需要更深层次的思考。猜想一借助“积的变化规律”举例验证，可以尝试让学生自主发现规律，学生也可以借助“积的变化规律”进行语言表达。猜想二的探究是教学的难点，用举例验证的方法也可以发现规律：被除数不变，除数扩大（缩小）几倍，商反而缩小（扩大）几倍。诱导反思猜想与发现之间的不同，可以进一步启发学生思考：为什么除数扩大（缩小）几倍，商反而缩小（扩大）几倍？借助思维冲突，引导学生反思探究过程，激发数学思考，可以让学生借助除法的意义理解，尝试表达：在除法里，除数表示分的份数，除数扩大（缩小）意味着分的份数多（少）了，当然每一份就少（多）了。这样的表达切合学生的实际，便于理解和表达。在两个活动经验的基础上，启发学生进一步思考：被除数和除数怎样变化，商才能不变？把学生的思考提到一个新的高度，让学生结合思维活动经验，提出猜想三：被除数和除数同时变化，商的变化规律。从猜想一、二到猜想三的提出和验证，学生的思考进一步得以深化，也发展了学生的数学表达，让思考与表达有效贯通，不断提出猜想，并举例验证，让学生在猜想中暴露思维，在验证中完善表达。在整个数学探究中，一步步地把学生的思考推向高潮，运用猜想、验证、观察、比较、推理等思维方式，从推理的角度进行分析和论证，激发学生数学思维，让学生经历数学探究的全过程，实现真正意义上的数学建构。

## 三、推进“读思达”的践行

“读思达”是核心素养背景下课程改革的新思考，是全新的教育理论，适用各学科的通用教学法。本真数学教学汲取“读思达”教学法的理论精髓，确立“立德树人”的育人导向，践行素养本位的教学理念，力求通过阅读、思考与表达三位一体的能力培养，加强学生的数学阅读，激发数学思考，学会数学表达，培养全面发展的人。

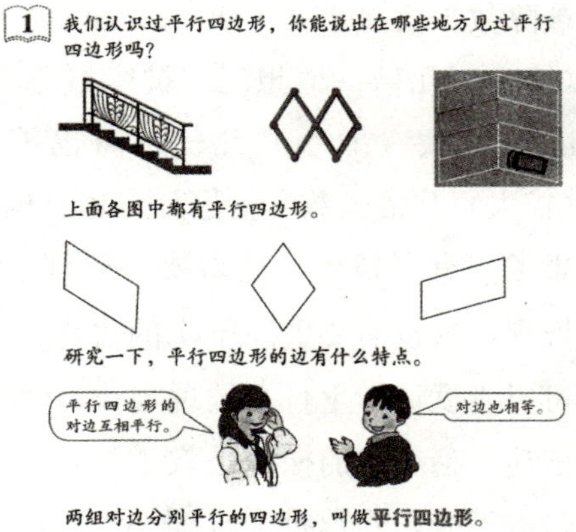


教学人教版教材“平行四边形的认识”一课时，由于学生从幼儿园阶段就能认出平行四边形，可以说经验先于认识，一些固有的思维定势影响他们对平行四边形特征的理解。如何用“读思达教学法”引导学生认识平行四边形？如果单纯地引导学生观察图形引出平行四边形，就会使学生受到前经验的影响干扰对图形的理性探究。本真数学教学以为，可以从最本源上寻找学习的切入点，引导学生从生活中找出平行四边形的生活原型，先让学生寻找生活中的平行四边形的物体，并尝试把脑中的平行四边形画出来。这里的“画出来”，就是从生活到数学的抽象，画的过程是经验的唤起，思维的激活，表达的再现，学生借助“画”诱发读取平行四边形的普遍性特征，画出图形的一般性，也就是图形表达的特征。当然，停留在这一层面的教学仍然是浅层次的认知，需要进一步的数学思考和语言表达，这就需要借助“读思达”的融会贯通，需要借助感性认识发展学生的抽象思维。激发学生思考：平行四边形有什么特征呢？怎么验证你的发现？从经验到发现，需要有理有据的数学思考。这时，可以引导学生进入探究环节，借助测量工具，如直尺、三角尺等进行实践测量、验证，在整个探索过程中，实现从感性到理性，从片面到全面，从现象到本质的探究过程，凸显思考的科学性和严谨性。在表达层面，需要培养学生有依据的数学表达，如，经过测量发现平行四边形对边分别相等，经过平移发现平行四边形对边分别平行……最后，综合不同的发现，尝试给平行四边形下定义："两组对边分别平行的四边形，叫作平行四边形"，进一步培养学生数学表达的条理性和准确性。

本真数学教学需要在"读思达"理论引领下不断丰富和发展，本着务实求真的科学态度认真学习"读思达"相关理论，不断反思本真数学教学实践，探究本真数学课堂模式，不断推进基础教育课程改革。

## 第三节　本真数学课堂的模式探究

余文森教授认为："从认知加工的角度来说，完整的认知过程包括信息输入、信息加工、信息输出三个环节，相应的，完整的学习过程包括阅读、思考、表达三个环节。"阅读、思考、表达是素养本位的教学法，是其他教学法研究的信号源和方向标。本真数学教学正是从教材、课堂和学生三个层面践行"读思达"，突出三个"重"：一是重教材阅读。探究知识本源，把握知识真相，引导学生自主阅读，读懂教材，读明思路，读透思想；二是重课堂思考。抓住数学本质，展现课堂真实，启发学生学会思考，独立思考，养成良好的思考习惯；三是重学生表达。展现学生真情，突出素养本位，启发学生用自己的思维研究数学，用自己的思考理解数学，用自己的语言表达数学。在读、思、达三个阶段中，紧紧抓住数学本质，激活自主阅读、独立思考、个性表达，理解本真数学内涵，探究课堂教学模式，形成本真数学课堂教学框架。

教学中，教师应着眼素养本位，引导学生追本溯源，确立学习真起点，借助已有的知识经验经历真探索，培养和发展学生的数学思维，在探索中展现真认知，并适时引导学生梳理反思，内化感悟蕴含其中的真思想。

### 一、学情为本，确立真起点

课堂教学的行为主体是学生，而不是教师。课堂教学实质上是课程目标与学生实际的结合。那么，学生的学情就是学生的实际，学情是课堂教学的开始。本真数学就要从学生的学情出发，这里的学情包括前知识经验、前数学概念以及与之相关的基础知识、基本经验、基本思想和思维方式。课堂教学之初，教师应该充分把握学生的学情，确立学习的真实起点，让学生“知其然，更知其所以然”。本真数学追求知识最本源的理解，也可以说是“原生态理解”，基于学情研读教材，理解课堂，站在学生的角度设计教学。一方面要准确把握知识的来龙去脉，从本源上理解知识，整体把握知识；另一方面还要从学生的需要出发，站在为学生发展的角度，“不唯书、只唯实”，找准学生的真实起点，最大化地放大他们学习的需求。这两方面互相有机结合，把握好学生的“原生态理解”，站在学生认知基础上引入新知，站在知识本源基础上帮助学生理解知识，实现知识和需要的无缝对接。帮助学生明确学习的真起点，找准知识探究的切入点，使学生在新知探究中有了知识载体和方法保障，铺设好学生认知基础与新数学知识之间的道路。

例如，在教学“小数的意义”一课时，从知识本源上看，小数是在实际测量中，得不到整数时所使用的一种数，它也是分数的另一种表达形式。从知识结构看，学生对小数的认识分两个阶段来进行，第一阶段是“小数的初步认识”，第二阶段是“小数的意义”，让学生对小数有了一定的感性经验和学习基础。从认知基础看，学生在第一阶段学习中能结合生活中常见的小数，如商品价格、铅笔芯规格、可乐容积等与生活息息相关的物品，对小数的意义有了一定的理解和基础。本课教学就要基于知识的本源，从学生的实际出发找准学习起点，根据已有的知识和经验展开教学，对不足整米的1分米如何表示，引导学生展开讨论，在充分理解的基础上引导学生1分米$=\frac{1}{10}$米$=0.1$米，沟通了整数、分数和小数之间的联系。正是有了追本溯源，明确了学生的学习起点，使学生在新知探究中有了知识载体和方法保障，才使新知教学水到渠成。

## 二、生成为本，开启真思维

2011年版课标明确指出：“数学教学活动应激发学生兴趣，调动学生积极性，引发学生的数学思考，鼓励学生的创造性思维。”数学是思维的体操，是开启智慧的钥匙。课堂教学能否引发学生的数学思考，是凸显教师的教学魅力及课堂追寻的目标。课堂中学生的思考程度取决于教师对一节课的设计与构思，好的教学构思能够激发学生的学习兴趣，能够将学生的思维一次次地推向思维的波峰浪尖上，使学生的数学思考有质的飞跃。因此，数学课堂要把培养学生的思维贯穿课堂的始终，要引导学生经历“问题情境—建立模型—解释、应用与拓展”的整个过程，要在从生活到数学中抽象数学问题，培养问题意识；在从数学到数学中引导学生推理，训练学生的思维；在从数学到生活中应用数学，拓宽思维品质。教学中，教师还应及时捕捉课堂中的生成，要对生成进行辨析与比较，善于借助生成展开讨论。要关注学生探究过程、认知过程、建构过程的生成，因势利导地进行比较、类比、抽象、概括、猜想、验证、推理等，要从学生良好思维品质的培养出发，设计有价值的问题取向，在探究活动中引导学生进行数学思考，在思考中比较，在思考中辨析，在思考中发现。

例如，在教学“商的变化规律”时，可以先引导学生回忆“积的变化规律”，根据积各部分之间的联系，诱发思考：在除法算式中，商的变化规律又可能是怎样的？这样，沟通数学知识间的联系，借助推理引导学生提出猜想。此时，学生可以有丰富的生成，根据不同的生成整理猜想一：除数不变，被除数变化，商的变化规律；猜想二：被除数不变，除数变化，商的变化规律。由于在“积的变化规律”探索中，学生积累了一定的探究经验，可以放手让学生举例验证并自主发现规律，启发思考，培养思维方式。其次，在猜想二的探究中，教师可以结合活动一的探究经验进一步启发思考：为什么除数扩大（缩小）几倍，商反而缩小（扩大）几倍？借助问题，反思探究过程，激发数学思考，促发新的生成，在辨析比较的基础上，引导学生结合除法的意义理解：在除法里，除数表示分的份数，除数扩大（缩小）意味着分的份数多（少）了，当然每一份就少（多）了。联系经验，借助知识间的联系，突破学生的固有思维，尝试从知识间的联系寻找数学理解，发展思维品质。最后，在两个活动经验的基础上，尝试推理：被除数和除数怎样变化，商才能不变？基于学生的生成，结合学生的思维活动经验尝试推理，从不同的角度进行分析和论证，再进行举例验证，发现规律，提升思维品质。在整个数学探究中，基于学生的思维起点，努力寻找思维的连接点，根据学生的课堂生成，迎合思维发展的需要，一步步地把学生的思维推向高潮，运用猜想、验证、观察、比较、推理等思维方式，引导学生经历数学探究的全过程，逐步建立数学模型，实现真正意义上的数学认知，不断丰富探究思维，积累思维活动经验，应用真思维，实现真认知。

## 三、建构为本，经历真探索

建构主义认为，学习是主体在对现实的特定操作过程中对自己的活动过程的性质做反省抽象而产生的，学习数学是一个“做数学（doing mathematics）”的过程。知识不是通过教师传授得到，而是学生在一定的情景中，与同伴（学生或教师）一起合作探究，自主探究、合作交流、自主建构的过程，实现有意义的知识建构。教材是知识的载体，是教学的依据。教师要认真研读教材，把握教材的实质，从根本上理解教材、读懂教材、读透教材。要根据学生学习的需要，从建构本义出发，对教材进行还原、解读，重新建构，创设有利于探究的活动，引导学生自主建构，关注学生的建构过程，经历知识的探究过程，关注知识发生的过程，培养和发展学生的数学思维。课堂教学要基于学生知识建构的基础上对教材进行真理解，要注重让学生经历知识的形成过程，引导学生自主探索，把探索作为探究知识的基本点，让探索成为学生学习数学的主要方式，在探索中挖掘出知识发生的真相，在探索中建构知识，在探索中培养发展思维。

如人教版四年级下册“三角形内角和”一课，教材呈现“画几个不同类型的三角形。量一量，算一算，三角形内角的和各是多少度”。基于教材分析，教材承载以下教学思路：首先，理解内角和的含义；其次，画出不同类型的三角形，具有普遍性、一般性的特征；再次，分别量出它们的内角；最后，计算它们的内角和，探究发现内在的规律性。从知识建构层面理解，学生对规律的探索往往经历从具体到抽象，从部分到整体，从特殊到一般的过程。教学中，教师要在理解教材的基础上，依据建构主义理论，引导学生经历数学规律的探索过程，先从两块三角板内角和都是180°这一特例出发，引导学生提出猜想：是不是所有三角形内角和都是180°？经历真探索就是要基于学生的真实探索需要，启发思维，诱导探究。通过让学生画出不同类型的三角形举例验证，自觉经历测量、计算、比较、分析等探索过程，探究发现内在的规律性，感悟规律的一般性，实现自主建构。在建构的同时，一方面要关注知识的发生真相，三角形内角和是什么，为什么要学习三角形的内角和，其现实原型是什么，这一内在规律所特有的数学内涵是什么，以此规律为核心能否推导出四边形、五边形等的内角和，它们之间又有着怎样的联系。另一方面，也要关注知识的呈现方式，教材以怎样的方式呈现这一规律，如何引导进行数学建构，在建构中应注意什么等等。教师要沟通这两方面的联系，注重展现知识发生的真相，引导学生探索知识间的相互联系，探索知识的形成过程，在探索中发现，在发现中感悟，经历真探索，实现真建构。

## 四、发展为本，感悟真思想

从知识本位到素养本位，是教育改革发展的趋向。在素养本位导向下，培养学生的核心素养是课堂教学的一个重要方面，数学的六大核心素养的培养和发展是数学课堂教学改革的根本。教学中，教师要把数学抽象、逻辑推理和数学建模三大基本思想贯穿到整个课堂上，要把直观想象、数学运算和数据分析作为三大能力来培养。数学基础知识与数学思想方法是教学的两条主线。数学基础知识是一条明线，写在教材里；而数学思想方法是一条暗线，一般体现在知识的形成过程中。而核心素养则是这两条主线的魂，知识和思想只是素养的两翼，只有把知识和思想有机地连成一体，让学生在探究知识时感悟思想，让思想内化并建构知识，才能真正培养和发展数学素养。在素养导向下，数学的育人功能是培养学生学会思考、发展思维、初具思想、培养素养，其理性思维应该成为数学活动的重心。为此，在数学活动中应多一些理性的探究和思考，少一些感性的游戏和情境，适当拓宽学生的数学思维，注重启发学生数学思考，适时引导学生感悟数学思想。发展为本的本真数学倡导培养学生的理性思维，注重抓住数学本质，在具体探究活动中，引导学生学会思考、独立思考，尝试从数学的角度分析和解决问题，发展解题策略，感悟数学思想。

教学中，教师应基于学情，沟通数学与生活的联系，注重数学思想的渗透，把培养和发展学生的能力作为根本，准确把握思想内涵，要有意识地挖掘、渗透思想，让学生感悟真思想。如在教学“圆的面积”时，由于圆是一个曲边图形，与之前所学平面图形面积的探究有很大的不同。因此，如何把圆转化成已学的平面图形是教学的一个难点和突破口。教师应基于数学本质，注重培养学生理性思考，理解并感悟数学思想。本课教学，从数学建构的角度有意识多维度地渗透数学思想，具体表现在：一是直观想象，应用转化思想。教师要从以前平面图形面积的探索，激发学生的理性思考，渗透方法的迁移，从转化的角度引导化曲为直，探索解决问题的方法。应用转化思想，让学生借助直观想象尝试转化，启发把圆 16 等分切拼成一个近似的长方形（或者三角形、梯形、平行四边形等），实现曲边图形的转化。二是引导观察，感悟极限思想。在转化的过程中，或许学生会提出长方形的长还是一条曲线，这时可以借助多媒体把圆切割成 32、64、128、256 等分……，再拼成长方形，从中感受长方形的长从曲边到直边的变化过程，借助信息技术手段领悟化曲为直，感悟蕴含其中的极限思想，发展学生直观想象能力。三是对比分析，体会变中不变的思想。把圆切拼成近似的长方形，引导学生观察比较，发现形状变了，但圆的面积与切拼后的长方形面积相等。四是学会推理，建构模型思想。在引导学生推导圆的面积公式时，由于长方形的长就是圆周长的一半（$\pi r$），长方形的宽就是圆的半径（$r$），可以根据长方形的面积公式推导出圆的面积 $S=\pi r^2$，引导学生经历观察、比较、推理等方式推导出圆的面积公式，渗透模型思想。在数学探究中，抓住本质建构模型，引导学生借助抽象和推理，自主建模，推导出圆的面积公式，在自主探究中感悟蕴含其中的转化思想、极限思想、变中不变思想以及模型思想等，不但培养了学生的数学思维，而且也发展了学生的数学素养。

# 第七章　本真数学课堂评价

## 第一节　本真课堂教学评价观

2011年版课标明确指出："评价的主要目的是全面了解学生数学学习的过程和结果，激励学生学习和改进教师教学。评价应以课程目标和内容标准为依据，体现数学课程的基本理念，全面评价学生在知识技能、数学思考、问题解决和情感态度等方面的表现。"本真数学的课堂教学评价基于数学课程的基本理念，以"培养全面发展的人"为核心，促进师生交往互动、共同发展，建立科学合理的评价机制，通过有效的课堂教学评价，促进教师的专业化发展，最终让学生得到全面的发展。

### 一、本真课堂教学评价理念

华东师范大学叶澜教授在"新基础教育"实验研究中，针对"什么样的课是一堂好课"提出了"五个实"的评价观点，即有意义的扎实的课、有效率的充实的课、有生成的丰实的课、常态的平实的课、有待完善的真实的课。叶澜教授眼里的"好课"是常态下的有待完善的课，是基于学生发展的常态的真实课，本真课堂教学评价正是基础常态课堂的真实评价，是对本真理论课堂实践的客观公正的教学评价。

1. 立足儿童需要。本真数学立足学生的学习需要，从学生最近发展区激发探究热情，找到学习起点，迎合学习需要，建立知识的连接点。因此，教学中要准确定位学生的学习起点和心理期待，要找准学生的探究需要，明确学生已经会了什么，能通过教学使其获取什么，是不是学生需要的知识、技能和方法，能否对学生的学习探究有帮助，教师是否创设有利于学习和探究的问题情境，学生积极情感体验有没有充分被激活和利用，学生的学习需要有没有得到满足等。

2. 突出数学本质。本真课堂教学重视学生对数学本质的理解和掌握，通过真实的数学课堂教学，引导学生经历真实的数学探究，经历完整的知识探究与建构，激发学生已有的知识和经验，以建构数学概念、性质、规律和关系等，帮助学生理解基本的数学概念，感悟其中的数学思想方法，培养和发展学生的数学思维方式，感受数学美，学会鉴赏数学美，追求数学的理性精神和探究精神，形成数学特定的思维模式。

3. 着眼儿童发展。本真教学以学生的发展为重，注重学生的思维、能力、思想等方面的培养和发展，立足学生真实需要和长远发展，一方面要关注学生的学习结果，另一方面更要关注学生学习过程中的思维发展和能力培养，以及数学探究中的积极情感体验。教师要善于创设有利于发展的探究空间，让学生置身于生动活泼的学习环境，引导学生动手操作，自主探究与合作交流，从数学学科特征上启发思考、探究与发现，培养学生良好的创新意识和探究能力。

4. 凸显素养本位。学科素养的形成和发展是本真课堂的重要特征，本真课堂要把核心素养的培养落到实处，凸显学生的主体地位，激发学生潜能，培养学生在数学课堂上会探究、懂思考、善表达，在数学探究中培养学生的自主性与发展性，形成良好的数学素养，彰显本真课堂教学评价观。

## 二、本真课堂教学评价要点

本真课堂教学评价主要从教材处理、课堂行为和学生发展三个方面，围绕知识本源、数学本质、素养本位以及知识真相、课堂真实、学生真情等六个要点进行客观公正的评价，基于“本”的思考，进行“真”的设计，立足根本，体现真实。

1. 教材处理。教材研读要基于知识本源和知识真相两个要点，重在把握知识的发生过程，即知识从哪里来，学生要到哪里去，明确知识内容的前后联系，突出数学知识的发生发展过程，注重建构完整的知识体系，体会知识建构的完整性和结构化。

2. 课堂行为。课堂上要关注数学本质和课堂真实两个方面的理解，即课堂教学要关注课堂发生的真实情境，教师在这一情境中如何把握学生学习的实际突出数学本质，围绕知识的建构、重点的突出和难点的突破，如何做到真实有效的数学建构、知识的掌握和能力的发展，课堂能真实反映学生的思维过程、建构过程和发展过程。

3. 学生发展。学生方面包括素养本位和学生真情两个要素，以“培养全面发展的人”为评价的出发点和归宿，力求通过展示学生的真情，把握数学学习中的真实探究和数学建构，以培养人的发展为基点，重在引导学生自主探索、合理建构、科学发展，突出培养和发展学生的核心素养，把对素养的培养践行在数学课堂实践中，引领学生通过自主学习、探索和建构，经历完整的知识探究过程和数学认知过程，培养学生的应用意识和实践能力，发展学生良好的思维品质和自主探究能力。

**附：**

小学本真数学课堂教学评价表

时间： 年 月 日

<table>
<tr><td colspan="2">年 级</td><td></td><td>执教老师</td><td colspan="3"></td></tr>
<tr><td colspan="2">课 题</td><td></td><td>教学内容</td><td colspan="3"></td></tr>
<tr><td colspan="2">评价项目</td><td colspan="3">评 价 要 素</td><td>分值</td><td>得分</td></tr>
<tr><td rowspan="2">教材处理</td><td>知识本源</td><td colspan="3">1. 在调研学情的基础上，根据教材实际和学生发展需要拟定恰当的教学目标，做到目标具体、明确、恰当。<br>2. 挖掘知识本源，设计符合要求，基于建构的学习起点。</td><td>10</td><td></td></tr>
<tr><td>知识真相</td><td colspan="3">1. 正确领会教材编写意图，从学生已有知识和经验出发，创造性地使用教材，合理开发教学资源。<br>2. 注重知识的内在联系，把握知识真相，内容呈现方式以利于数学建构。<br>3. 以教材为基本线索，呈现知识发生发展过程，体现学生的认知特点。</td><td>10</td><td></td></tr>
</table>

续表

| | | | | |
|---|---|---|---|---|
| 课堂行为 | 数学本质 | 1. 内容安排合理，教学目标落实到位，教学重难点有效突破，准确把握数学本质。<br>2. 经历真实的知识探究过程，关注学生思考过程和认知过程，重在发展学生的数学思维。<br>3. 正确处理教与学、知识与技能、过程与结果之间的关系，知识技能扎实到位，能运用所学数学知识解决实际问题。 | 20 | |
| | 课堂真实 | 1. 教与学活动安排合理，为学生提供充足的探究、交流的时间与空间，展现真实的数学认知过程。<br>2. 在教师指导下，能自主开展操作、实验、观察、猜测、推理、验证等探究性的学习活动，让学习真正发生。<br>3. 教学方式灵活而富有新意，正确处理预设与生成的关系，师生、生生之间能进行深层次的对话与交流。<br>4. 呈现多样化的学习方式，独立思考与合作交流有机结合。 | 20 | |
| 学生发展 | 素养本位 | 1. 学生获得知识、技能、情感态度等方面的发展，分析、解决问题的意识得到培养和发展。<br>2. 学生经历真实的知识形成过程，积累活动经验，提升数学语言表达能力和解决问题的能力。<br>3. 学生具有倾听、思考、质疑、交流、合作等良好的学习品质，创新意识和实践能力得到培养。 | 20 | |
| | 学生真情 | 1. 课堂评价自然、贴切，引向深度学习，鼓励学生敢于质疑，发表见解，思维活跃，想象丰富。<br>2. 学生学习态度认真、学习热情、兴趣浓厚，充满活力、生动活泼。<br>3. 学习积极性高，思维活跃，乐于学习，有强烈的学习欲望，能采纳别人好的建议，做到资源分享。<br>4. 学生学习动机强烈，积极寻找、发现、表述身边的数学问题，提出的问题具有挑战性和独创性。 | 20 | |
| 总评 | | 评委签名： | 总分 | |

## 第二节　知识内容整体性评价

本真数学倡导整体教学观，要求教师模块式系统研读教材，把握教材整体编写思路，沟通教材前后联系，从本源上理解知识与学生生活经验的联系，与学生已有知识经验的联系，并以此确立学生学习起点，理解知识基本内涵以及对后续学习的影响与作用，瞻前顾后，从知识真相上建立联系，形成知识的整体性和结构化。

### 一、知识本源的客观理解

1. 调研学情。教师要充分调研学情，对学生的已有知识经验和生活经验进行全面的了解，准确把握新知教学所必备的心理期待、探究基础和学习需要。

2. 挖掘本源。努力探索新知教学的本源性知识，明确新知的生活来源和知识的起源，在生活中的呈现方式或状态，在数学上的前知识是什么，对新知学习有何作用，把握本源性知识以实现更合理的数学建构。

3. 确立起点。在充分调研学情的基础上，设计符合学生探究和建构的学习起点，基于建构的知识起点，能准确把握教学的起点，突出教学重点，找准学习难点，使起点对重点的突破和难点的分散起到重要作用。

4. 明确目标。根据课程标准和教材编排拟定合理的教学目标，教学目标要考虑本真数学的课堂模式和学生发展的需要，围绕培养“全面发展的人”的育人目标，把核心素养的培育落实到课堂实践中，让学生真情融入真实课堂，教学目标贴近学生实际，做到目标具体、明确、恰当。

### 二、知识真相的理性呈现

1. 教材处理。教材只是知识的载体，显性呈现的是知识和技能，隐性蕴含的有思想、方法和素养，教师要正确领会教材编写意图，根据学生的生活实际，合理开发学生身边有价值的教学资源，把现实资源与教材资源进行整合，从学生已有知识和经验出发，合理地、创造性地使用教材，使整合后的素材更好地为教学服务。

2. 知识呈现。本真数学注重知识的内在联系，整体把握知识真相，使结构性系统化的知识有层次地呈现在教学各环节，教师要对内容呈现方式进行灵活处理，做到合理、合适，知识的呈现要有利于学生的数学建构。

3. 教学设计。整个教学设计过程以教材为基本线索，呈现两条主线，一是知识的发生发展过程，二是学生的数学认知过程。在教学设计上，要基于学生的有效建构，要考虑教学内容的呈现方式，要关注有没有更好的呈现方式，突出学生的认知特点和探究经验。

## 第三节　数学认知发展性评价

2011年版课标指出："评价不仅要关注学生的学习结果，更要关注学生在学习过程中的发展和变化。应采用多样化的评价方式，恰当呈现并合理利用评价结果，发挥评价的激励作用，保护学生的自尊心和自信心。"课堂教学评价要关注学生的数学认知水平，突出数学本质，把学生对数学概念的理解，规律、性质的探寻以及数学思想方法的形成作为教学的重心，关注学生数学思维的形成和发展，重点评价学生的学习过程及学习效果，促进学生数学认知的发展性评价。

### 一、数学本质的精准把握

1. 知识建构。教学过程要营造一定的活动空间，引导学生经历真实的知识探究过程，教师要关注学生的思考过程，充分暴露学生对知识的理解和思考。内容安排合理，重点突出数学本质，要关注学生的探究和认知过程，促进积极的数学思考，重点发展学生的数学思维。

2. 知识掌握。教学过程突出数学本质，关注学生的知识掌握情况，不断提升学生的基础知识和基本技能，培养学生的实践能力和创新意识，鼓励学生独立思考，尝试自己探究解决问题，关注学生的学习过程以及对知识的理解和掌握，重点关注学生是怎么学的，成效如何，提升学生获取知识的能力。

3. 知识应用。教师能正确处理教与学的关系，要基于本的思考，更要基于真的设计，把握好教学中的知识与技能、过程与结果之间的关系，做到知识技能扎实到位，学生的学习能力和数学思考得到有效的发展，能运用所学数学知识解决实际问题。

### 二、课堂真实的有效预设

1. 活动设计。教学要精心设计学生的活动过程，要合理安排教与学的活动，为学生提供充足的探究、交流的时间与空间，充分暴露学生的思维过程，鼓励质疑问难，教师及时收集反馈信息，适时调整课堂教学过程。

2. 数学探究。在教师指导下，学生能自主开展操作、实验、观察、猜测、推理、验证等探究性的学习活动，活动前有明确的探究目标，活动中能适时指导优化，活动后引导交流、反馈、质疑及发现，体验并经历“数学化”的过程。

3. 教学方式。教师能遵循儿童的认知规律，顺着学生的思路组织教学活动，教学方式灵活而富有新意，能正确处理预设与生成的关系，师生、生生之间能进行深层次的对话与交流，建立多向的课堂交往形式，合理、有效。注重多种手段的优化与组合，使用直观教具和现代化技术媒体等教学辅助手段进行数学探索，能利用多媒体突破教学难点。

4. 学习方式。本真数学课堂凸显学生主体地位，呈现多样化的学习方式，倡导“自主、合作、探究”的教学理念，鼓励学生独立思考、学会思考，自主探索与合作交流有机结合，以问题解决为载体，引导学生动手操作、自主探究，促进学生积极主动地参与数学探究过程，提高课堂教学效率。

## 第四节　学生素养综合性评价

学生在数学学习过程中，知识技能、数学思考、问题解决和情感态度等方面的表现不是简单的、孤立的，而是综合体现在数学学习的探究中。因此，教学中教师要加强培养学生各方面的协调发展，既要重视学习效果，更要关注学生学习过程中的情感体验，要激发学生的学习兴趣，培养学生的自主探究能力和良好的学习品质，激发学生的学习动机和潜能，发展学生的学科素养和实践能力。

### 一、素养本位的多元评价

1. 学习能力。教师重视学生自学能力的培养，特别是获取知识能力的培养，重视数学探究和学习方法的指导，引导学生经历真实完整的知识探究与形成过程，关注学生基本活动经验的积累，能从数学的角度进行研究与发现，善于表达自己的观点和看法，培养数学语言表达能力和解决问题的能力。

2. 学习品质。教师要注重学生良好学习品质的培养，重视培养学生倾听、思考、质疑、交流、合作等学习品质，学会阅读、思考和表达，能在阅读中理解、思考与反思，鼓励学生大胆质疑，初步具有批判思维、逻辑思维能力，加强创新意识和实践能力的培养。

3. 学科素养。教师要重视学生知识、技能、情感态度等方面的发展，引导他们动手操作、自主探究，提高动手实践能力、探究能力，在分析、解决问题中培养学生的应用意识和实践能力，形成良好的学科素养，提升数学探究能力。

## 二、学生真情的多向激发

1. 学习态度。学生学习态度决定着数学探究与学习的质量，数学课堂要加强学习态度的培养，培养学生认真学习的态度，激发学习热情和兴趣，营造民主和谐的课堂气氛，让学生在宽松愉悦的环境中学习，充满活力、生动活泼，积极主动参与到数学学习活动中。

2. 学习动机。教师善于激发学生的学习动机，创设问题情境，激发学生学习热情，引导学生积极寻找、发现数学问题，能从数学的角度提出问题，表达自己的理解、思考和发现，具有挑战性和独创性。要注意到让每个学生都能充分表现自己，特别是对学习有困难的学生。

3. 学习体验。教学过程为师生互动交流、自然生成的过程，营造生动、活泼、主动、和谐的课堂氛围，学生主动参与教学过程，学习积极性高，思维活跃，乐于学习，有强烈的学习探究欲望，乐于倾听，能采纳别人好的建议，做到资源分享。

4. 数学表达。教师课堂评价自然、贴切，鼓励学生表达自己的看法和意见，激发学生积极主动的数学思考，引向深度学习。鼓励学生敢于质疑，乐于分享，能发表自己的见解，思维活跃，想象丰富，善于发现，能从数学的角度发现数学，并用自己的语言表达数学概念、规律或性质。

# 第八章　本真数学教学案例

## 第一节　“数与代数”案例分析

### “倍的认识”与几何直观

【本真解读】

**一、课标解析**

（一）目标要求

2011年版课标在“学段目标”的“第一学段”中提出：“能在教师的指导下，从日常生活中发现和提出简单的数学问题，并尝试解决；了解分析问题和解决问题的一些基本方法，知道同一个问题可以有不同的解决方法。”在“内容标准”中明确指出：“经历数与代数的抽象、运算与建模等过程，掌握数与代数的基础知识和基本技能”“能运用数及数的运算解决生活中的简单问题，并能对结果的实际意义作出解释”。

（二）素养要求

2011年版课标明确提出：“几何直观主要是指利用图形描述和分析问题。借助几何直观可以把复杂的数学问题变得简明、形象，有助于探索解决问题的思路，预测结果。”

（三）教学建议

“倍的认识”是在学过了乘、除法之后，加深对乘、除法意义的理解，拓宽应用乘除法解决实际问题的能力。这节课主要解决两个问题：一是建立倍的概念；二是解决与倍有关的实际问题。根据课标要求，注重引导学生通过旧知迁移、实际操作、自主探究与合作交流等方式，理解“倍”的含义，建立概念模型。教学中，要把握以下三个方面：

1. 找准知识本源，建立“倍”的概念。

根据学生已有的乘除法的知识，帮助学生建立倍的概念。“倍”的本源就是“几个几”，利用“几个几”引出倍的含义，再从除法的角度加深对倍的概念的理解，体会“倍”是两个数量在相互比较中建立的。

2. 抓住数学本质，建构“倍”的模型。

在解决实际问题中，提供丰富的问题情境，借助图示分析数量关系，加深对“倍”的理解，抓住本质，引导结合包含“几个几”积累“倍”的经验，让学生在比较和抽象中构建解决此类问题的数学模型。

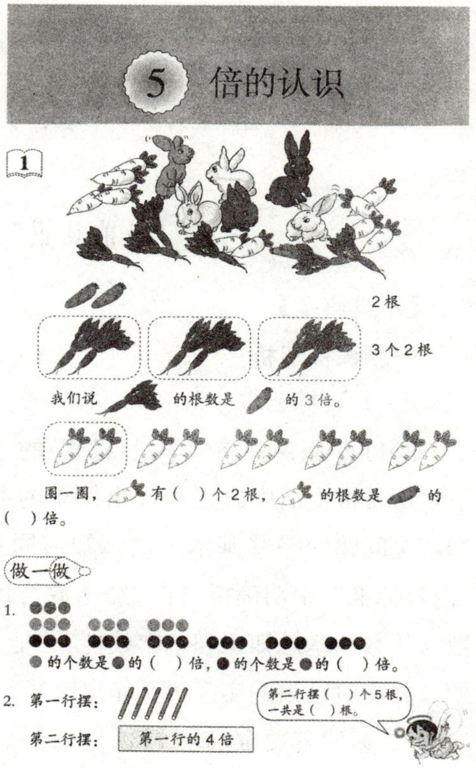


3. 借助几何直观，理解“倍”的关系。

借助几何直观把复杂的数学问题变得简单明了，有利用探究和建构概念，可以借助线段图教学，从“实物图—色条图—线段图”的层次加深对倍的理解和感悟。在倍的概念的建立过程中，把相比较的两个事物的数量关系直观化、形象化，注重借助线段图分析、理解数量关系，感受几何直观的作用，渗透数形结合思想，发展学生解题策略，发展数学思维。

**二、教材分析**

“倍”的概念涉及两个量之间的比较，十分抽象，不易理解，但其数学原型是“几个几”，教材多层次呈现“几个几”，帮助学生多次感知，在不断比较和抽象的过程中建立倍的概念。教材呈现“小兔吃萝卜”的童话情境，让学生先观察红萝卜与胡萝卜根数的关系，初步感知“倍”；再利用学具摆一摆，充分积累感性经验；接着，“圈一圈”把白萝卜每 2 根为一组圈起来，再通过语言表征与同伴说一说两种数量间的倍数关系，逐渐加深学生对倍的含义的理解。

紧扣倍的知识，联系生活实际，让学生读图、理解图中蕴含的信息。把抽象的新知识“倍”与学生已经掌握的“几个几”建立联系，初步认识倍的概念。注重借助图示分析数量关系，表达出倍的概念的本质特征，抽象概括出基本数量关系，结合线段图借助图示表示数量关系，探索解决问题的方法，帮助学生建立倍的概念。教学时，应把握以下两点：

一是联系旧知建立“倍”。通过分类、观察、思考、交流、比较等活动，获得“倍”的概念的直观体验，理解“几倍”与“几个几”的联系，再结合除法从比较关系的角度对倍的概念进行再认识，逐步建立“倍”的概念。

二是结合图示理解“倍”。借助画图表征理解数量关系，在比较倍数关系的各种量中，体会几何直观的价值，借助几何直观分析数学问题，重视多元表征及其之间的转化，建立倍的模型思想，体会学习数学的应用价值。

【本真设计】

## “倍的认识”本真设计

福建省莆田市秀屿区笏石中心小学 陈红

<table>
<tr><td>年 级</td><td>三年级</td><td>课 题</td><td>《倍的认识》</td></tr>
<tr><td>教学内容</td><td colspan="3">人教版三年级上册第五单元“倍的认识”</td></tr>
<tr><td>学情分析</td><td colspan="3">知识起点：学生能比较两个数的大小，会计算一个数里面包含几个另一个数，能求几个几是多少。<br>认知起点：在日常生活中学生偶尔会遇到关于“倍”的描述，在潜意识中积累一些零散的、模糊的关于“倍”的认识。<br>思维特点：三年级学生的思维是具体形象思维逐步过渡到以抽象逻辑思维为主要形式的发展过程，以直接经验与感性经验为主，具有很大的具象性。关于“倍”，学生对概念的理解和建构，更多的需要借助大量的直观图操作，拓宽学生思维的广度与深度。</td></tr>
</table>

续表

<table>
<tr><td>教学目标</td><td colspan="3">1. 知道“倍”是由两个数量比较得到的，能说出和摆出一个数量是另一个数量的几倍。<br>2. 培养学生观察比较能力和有条理的口头表达能力，培养学生学数学的兴趣。<br>3. 渗透数学思想，体会变与不变的辩证关系。</td></tr>
<tr><td>教学重点</td><td colspan="3">理解“一个数是另一个数的几倍”的含义，初步建立“倍”的概念。</td></tr>
<tr><td>教学难点</td><td colspan="3">理解“倍”的概念，明白“倍”和乘除法之间的关系。</td></tr>
<tr><td>教学准备</td><td colspan="3">卡片、课件、学习单。</td></tr>
<tr><td colspan="4">教学过程预设</td></tr>
<tr><td></td><td>基于“本”的思考</td><td>基于“真”的设计</td><td>设计意图</td></tr>
<tr><td>教材分析</td><td>【知识本源分析】<br>学生初步理解了乘法、除法的意义以及它们之间的关系，能够计算两位数乘一位数以及表内除法。从知识本源看，能分析并理解“几个几”，而“几个几”是“倍”的本源，会比较两个数的大小是认知经验，这都为倍的认识提供学习基础。教学中要善于激活学生的生活经验和知识经验，寻找知识间的联系，建立倍的概念。</td><td>【知识真相把握】<br>倍数关系是生活中最为常见的数量关系之一。“倍”的真相是源于“几个几”，连于“比”。因此，要在理解“几个几”的基础上建立“倍”的概念，要在“差比”经验上发展“倍比”，比较两者的相关性，拓宽“倍”的基本内涵。教学中要对知识真相进行把握，重点加强对“倍”的理解，从“几个几”推导并理解“几倍”，用看到或摆出的“几个几”解释“几倍”。</td><td>基于对教材的理解以及学生的知识经验，找准“倍”的本源以及学生建构的基础，分析本源和真相之间的逻辑关系，逐步引导学生理解和建构“倍”，把握概念内涵，理清旧知识和新知识的承接关系有利于学生的知识建构。</td></tr>
</table>

续表

| | | | |
|---|---|---|---|
| 课堂预设 | 【数学本质理解】<br>一、对本质的理解<br>“倍”的本质是概念的建构，通过对本课的学习，初步建立“倍”的概念和模型，有助于学生深入理解乘法的含义，拓宽应用乘法解决实际问题的范围与能力，为今后学习分数、小数和百分数等相关知识奠定基础。<br>二、对本质的突破<br>对“倍”的理解和建构是本节课的重点和难点，对本质的突破基于以下几点：<br>1. 找准起点，实现有效连接。<br>倍比基于差比，生长于“几个几”，找准学习起点，借差比引出倍比，并结合水果图形象理解“内含几个几”也可以说是“谁是谁的几倍”这一语言表达，实现数量比较的突破和有效连接，帮助学生初步理解“倍”。<br>2. 几何直观，展现真实理解。<br>首先，借助3个梨与6个苹果的比较，巧借圈 | 【课堂真实预设】<br>课前交流：师生玩贴补丁游戏，复习“几个几”。<br>一、激活经验，引出“倍”<br>1. 创设情境，引导比较。<br>梨有3个，苹果有6个，可以怎么比？<br>2. 本真理解，感知倍数。<br>苹果的个数是梨的2倍，怎么理解？结合生活经验说说什么是“倍”。<br>二、引导探究，理解“倍”<br>1. 数形结合，认识倍数。<br>把3个梨看作一份，6个苹果里有2个3，可以说苹果的个数是梨的2倍。<br>2. 加深理解，理解倍数。<br>引导摆出12根香蕉，自主探究3个梨和12根香蕉之间的倍数关系。<br>3. 观察比较，把握本质。<br>①苹果6个，香蕉12根，香蕉个数是苹果的几倍？<br>②苹果4个，香蕉12根，香蕉个数是苹果的几倍？<br>③苹果2个，香蕉12根，香蕉个数是苹果的几倍？<br>④苹果1个，香蕉12根，香蕉个数是苹果的几倍？ | 课前：互动游戏，将“几个几”与“几倍”联系起来，为新知探究服务。<br>环节一：理解。通过比一比水果的多少，在比较中体会差比和倍比两种形式，激活学生的生活经验和知识经验，为“倍”的认识提供思维经验。<br>环节二：探究。<br>活动1：通过3个梨与6个苹果的比较，引出“倍”。<br>活动2：3个梨和12个香蕉的比较，让学生分一分，圈一圈，感受其中的倍数关系，初步构建“倍”的模型。<br>活动3：创设变式情境，借助苹果个数的变化，引起学生认知的冲突，让学生感受“1份数”的重要性，在对比中感悟倍数的变化。充分暴露并展示学生的真实思维，引导学生辩论，明晰“倍”的理解，使学生 |

续表

| | | | |
|---|---|---|---|
| | 一圈，圈出2个3，理解“苹果的个数是梨的3倍”，让学生学会说一说，体会“谁是谁的几倍”，构建数学模型“倍”。<br>其次，借助苹果个数的变化，深化理解“倍”的含义，体会“1份数”的变化引起倍数的变化，感受“倍”的本质是先确定一份是几个，再确定有这样的几份，这时，可以说谁是谁的几倍。在动态呈现过程中，加深对“倍”的认识，突出“倍”的本质：不管一份数有几个，只要有几份这样的就是它的几倍。<br>3. 应用模型，深化内涵理解。<br>对倍的理解不能仅仅停留在直观的表达，还要从具体形象向抽象逻辑的过渡。因此，在学生建构概念的基础上，逐步引导其数学层面的逻辑建构，让学生摆圆形和三角形，在操作实践中理解“倍”。再进行必要的抽象，实现从实物到图形再到线段，不断强化对“几倍”的理解，形成“倍”的基本模 | 思考：12根香蕉都不变，为什么倍数发生了变化？<br>4. 展现真实，完善认知。<br>说说什么是倍，倍是怎么来的？你是怎么想的？<br>三、内化提升，建构“倍”<br>1. 抓住本质，自主活动。<br>①动手操作。摆出三角形的个数是圆形的2倍。<br>②展示交流。<br>③诱发思考。为什么摆出的三角形和圆形的个数各不相同，三角形的个数却都可以是圆形的2倍？<br>2. 逐步抽象，理解内涵。<br>①图形表征。一份用一个长方形，两份用几个这样的长方形？<br>②图形抽象。线段图中的倍数。<br>③数学抽象。如果一段是7个，下面2段表示几个？如果有6段，表示几个？如果2段10个，1段表示几个？<br>3. 寻找联系，加深理解。<br>根据线段图，说一个关于“倍”的数学小故事。<br>四、反思梳理，概括总结<br>同学们，通过本节课的学习，你有哪些收获呢？ | 的认识得到升华。<br>环节三：建构。<br>为学生提供充足的时间和空间，让学生摆一摆，在操作实践中理解并建构“倍”。在引导抽象时，更关注学生的思维发展和数学抽象过程，从实物到图形再到线段，积累了丰富的感性材料，学生亲历了概念形成的全过程，进一步强化了学生对“几倍”的理解，形成“倍”的基本模型。最后，引导学生从线段图理解它们之间的倍数关系，并借助线段图说一个数学故事，抽象出“倍”的概念本质，感受数学与生活的联系，与课前学生对倍的前经验进行有效沟通，实现有效的数学建构。 |

续表

| | | | |
|---|---|---|---|
| | 型。最后，借助线段图说一个数学故事，使得学生深层次理解“倍”的概念，应用数学解释生活，实现数学建构。 | | |
| 学生表现 | 【素养本位追求】<br>借助几何直观，唤起学生已有认知经验与知识经验的融合，体会“几个几”和“几倍”之间的联系，加深对“倍”的理解，凸显学生的思维习惯和探究能力。<br>通过分一分、圈一圈、摆一摆、说一说等数学活动，把学习的主动权还给学生，引导动手操作、理解概念、表述数理有机结合，参与知识的形成过程，合理建立“倍”的数学模型，感悟蕴含其中的数学思想，是数学建模的过程，更是数学思想形成的过程，凸显本真数学倡导的素养本位。 | 【学生真情激发】<br>概念的建构要立足学生真情，教学时，主要采用多媒体辅助教学、启发谈话、动手操作、合作交流等教学手段，创设有利于学生建构的活动氛围，充分发挥学生的主体地位，通过分一分、圈一圈、摆一摆、说一说等活动，沟通新旧知识的联系，初步建立“倍”的概念，引导学生自主获取知识、建构知识。<br>通过操作活动，让学生体验“倍”的含义，激发学生独立思考和合作交流相结合的学习方式，引导学生用简洁的语言有条理地表达自己的思考过程。 | 学生在已学习差比的基础上，学习倍比的关系，沟通乘法中几个几与倍的关系后，就可以初步认识倍这个概念。在老师的引导下，学生通过观察、操作、分析就可以初步认识倍。三年级学生在学习中还以生动形象的素材为主，所以在学习中设置比水果数量的活动激发学生的学习兴趣，通过观察操作的方式来建立“倍”的概念。 |
| 练习设计 | 有 3 颗黑珠子，10 颗白珠子。<br>黑珠子：<br>白珠子：<br>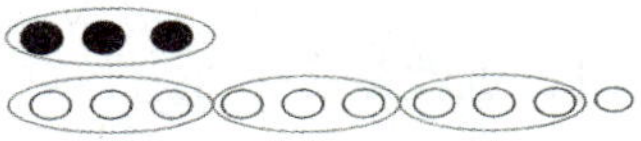<br>思考：<br>1. 要使白珠子的颗数是黑珠子的 3 倍，如何改变珠子数量？ | | 通过练习认识数量关系既有整倍数关系，也有“比几倍多几”或“比几倍少几”，加深对倍的理解，拓宽“倍”的内涵。 |

续表

| | | |
|---|---|---|
| | 2. 要使白珠子的颗数是黑珠子的 4 倍，又该如何改变珠子数量？ | |
| 板书设计 | 倍的认识<br>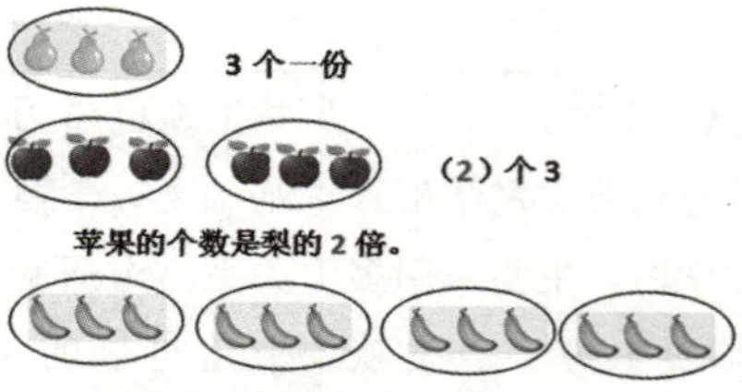<br> | 板书直观、生动地呈现主要内容和知识体系，有利于学生整体把握、建构概念，提高学习效率。 |

【本真课堂】

## “倍的认识”教学实录与评析

福建省莆田市秀屿区笏石中心小学　陈红[①]　执教

福建省莆田市秀屿区教师进修学校　唐少雄　　评析

课前交流：

师：课前，咱们在小会场那边做了一个小游戏，还记得叫什么游戏吗？

生：贴补丁游戏。

师：在你们玩游戏的时候，老师拍了三张照片，我们来看一下。（希沃投影）这六个同学在第一次“贴补丁”时，是几个一组？分成了几组？

生：他们是两个一组，分成了 3 组，也就是 3 个 2。

师：请看第二张，这六个同学在第二次“贴补丁”时，又是几个一组？分成了几组？

生：现在是 3 个一组，分成了 2 组，也就是 2 个 3。

---

① 陈红，一级教师，福建省莆田市秀屿区小学数学骨干教师，秀屿区“本真数学研究室”核心成员，多次在市区优质课评选及教师技能比赛中获奖。本课在“福建省小学教育研究会数学分会 2019 年年会”中荣获一等奖。

师：请看第三张，我们又该怎么说？

生：现在是 7 个在一起，所以是 1 个 7。

师：我们刚才在分析这三张照片的时候，讲到了几个一组、分成了几组，也就是我们以前学过的几个几。这个知识跟我们今天学习的内容有什么关系呢？带着这个问题，我们要开始今天的学习了。

【评析：通过玩一玩、说一说，将“几个几”与“几倍”联系起来，把新知内容纳入已有的认知经验，为新知探究提供思维依托。】

**一、激活经验，引出“倍”**

1. 创设情境，引导比较。

师：我们来看一下大屏幕，谁来了？

生：熊大和熊二。

师：他们要到果园去摘果子，从他们的对话里，我们可以得到哪些数学信息呢？

生：熊大说他摘了 3 个梨，熊二说他摘了 6 个苹果。

师：如果请你们把这两个数量进行比较，你会怎么比？

$生_1$：熊大摘的 3 个梨比熊二摘的 6 个苹果少。

$生_2$：熊二摘的苹果比熊大摘的梨多。

师：刚才这两个同学说的是我们以前学过的比多比少，除了比多比少，我们还可以怎么说呢？

生：苹果的个数是梨的 2 倍。

师：很有自己的想法。他说的和熊二说的是一样的，我们来看一下大屏幕，谁来把熊二说的话读一遍？

生：苹果的个数是梨的 2 倍。

2. 本真理解，感知倍数。

苹果的个数是梨的 2 倍，怎么理解？结合生活经验说说什么是倍数。

师：那个同学和熊二说的这句话里出现了一个我们还没学过的新词。

生：2 倍。

师：平时在生活中有没有听说过 2 倍？

生：熊大摘了3个梨，熊二摘的6个苹果里面可以分成两份一样的，就是2份的意思。

师：看来这个同学对倍已有一定的生活经验，是不是像他讲的这样子呢？是不是这样理解两倍呢？那我们就开始来认识倍吧！

【评析：教师通过创设活动情境，引导学生看一看、比一比水果的多少，充分调动学生已有的知识经验和参与意识，在比较中实现从差比到倍比的跨越，融合课前活动中的“几个几”的渗透，帮助学生找到知识本源，激活他们的生活经验和知识经验，寻找知识间的联系，为新知教学提供思维活动经验。】

**二、引导探究，理解“倍”**

1. 数形结合，认识倍数。

师：孩子们，我们来看黑板，把3个梨圈起来看作一份，6个苹果可以平均分成梨这样的几份？

生：6除以3等于2，可以分成2份。

师：谁能过来帮老师分一分苹果，使我们一眼就能看出苹果的个数里面有梨这样的两份？（生上台圈、分苹果）

师：孩子，老师要采访你一下，你为什么要把苹果三个圈一份呢？

生：因为梨有3个。

师：也就是把苹果和什么做比较？

生：梨。

师：这个孩子把要比较的两个对象说得清清楚楚。那苹果可以分出几个几？

生：2个3。

师：接下来老师要变一个魔术，大家眼睛睁大看了，我们把3个梨看成一份，苹果里面有梨这样子的两份，所以我们说“苹果的个数是梨的两倍”（板贴）。刚才老师是怎么变出这句话的？哪个同学也来变一变？

生：你是把3个梨圈起来看成一份，苹果里能分出两份，有2个3，所以苹果的个数是梨的两倍。

师：恭喜你，你已经会用“倍”比较苹果和梨的数量关系了。还有哪位同学也来说说2倍是怎么来的？

生：把3个梨看成一份，苹果里能分出两份这样的，也就是2个3，所以苹果的个数是梨的两倍。

师：对2倍的理解越来越清晰了，表达得井井有条。

2. 加深理解，理解倍数。

师：我们继续看大屏幕，谁也来了？

生：毛毛。

师：毛毛说了句什么话？谁来读一读？

生：我摘的香蕉个数是梨的好几倍。

师：我们能从这句话中获得什么信息？

$生_1$：香蕉有几个不知道。

$生_2$：香蕉个数比梨多很多。

师：香蕉有几个老师也不知道，全在老师手上的这个篮子里。谁来帮老师贴一贴，但有一个要求：贴完能让我们一眼看出香蕉个数是梨的几倍。

（生上台贴出香蕉图片）

师：他这样贴有什么好处？

$生_1$：他这样3个一堆，贴成4堆，我们可以用乘法算出一共有12根香蕉。

$生_2$：3个分一份，有这样的4份，我们可以一眼看出香蕉是梨的4倍。

师：3个一份，分成4份，这样摆不用圈、不用数，我们就能一眼看出香蕉的总个数，还能看出香蕉个数是梨的4倍。

师：现在谁能试着来说说"4倍"是怎么来的？

生：把3个梨看成一份，香蕉能分出这样的4份，也就是4个3，所以香蕉个数是梨的4倍。

师：不错哟，对倍的意义表述得越来越完整了。

【评析：陈老师借助3个梨与6个苹果之间的比较，启发学生分一分，圈一圈，感受一份数与几份数之间的倍数关系，引导学生构建新的数学模型"倍"。在此基础上，让学生自行摆出12根香蕉，学生在摆的过程中，能自觉地3个3个地摆，体会根据"一份3个"理解倍，在摆的过程中加深对倍的认识，初步理解"倍"的意义。】

3. 观察比较，把握本质。

师：同学们，苹果数量有梨这样的两份，苹果的个数就是梨的两倍；香蕉数量有梨这样的 4 份，香蕉个数就是梨的 4 倍。咦，“倍”听起来好像很简单，是不是有几份这样的就是它的几倍呢？让我们带着这个问题继续往下学习“倍”。请看黑板，我们刚才是把梨和苹果、梨和香蕉进行数量比较，认真观察，我们还可以把什么和什么的数量进行比较？

生：把苹果和香蕉做比较。

①苹果 6 个，香蕉 12 根，香蕉个数是苹果的几倍？（课件展示）

师：苹果和香蕉做比较，现在应该几个为一份？

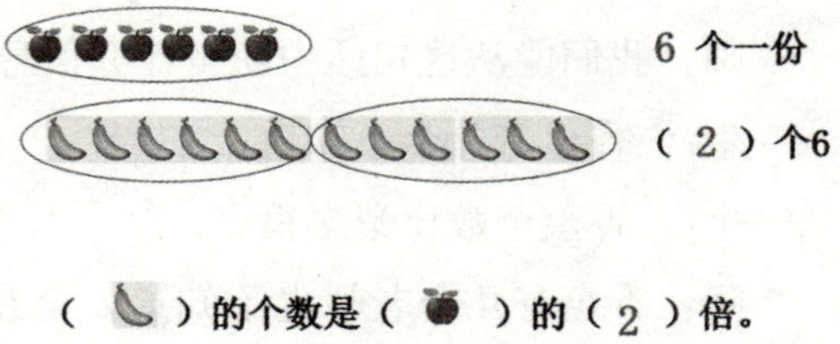


生：6 个一份。

师：梨和苹果、梨和香蕉进行比较时，是 3 个一份，为什么苹果和香蕉做比较时，却是 6 个一份？

生：因为苹果有 6 个，现在是要和苹果比。

师：也就是说比较对象变了，一份数也就怎么样？

生：比较对象变了，一份数也就变了，要看是和什么比。

师：那现在苹果和香蕉做比较，该怎么说？

生：香蕉的个数是苹果的 2 倍。

师：这个 2 倍是怎么理解的？

生：把 6 个苹果圈起来看成一份，香蕉可以分出这样的 2 份，也就是 2 个 6，所以香蕉的个数是苹果的 2 倍。

②苹果 4 个，香蕉 12 根，香蕉个数是苹果的几倍？

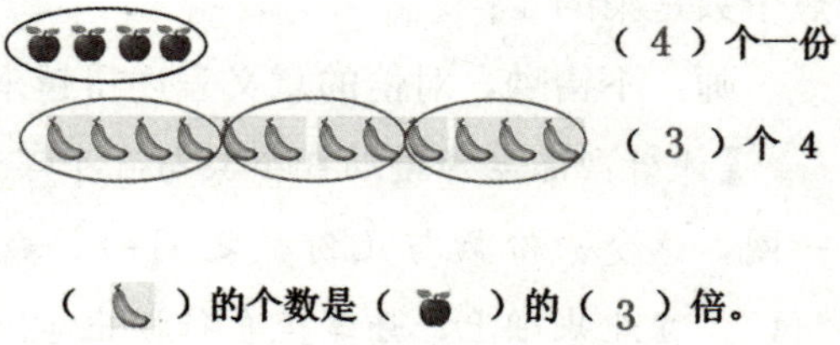


师：如果苹果减少 2 个，现在几个一份？

生：4 个一份。

师：怎么比较？

生：把 4 个苹果看成一份，香蕉有这样的 3 份，也就是 3 个 4，所以香蕉的个数是苹果的 3 倍。

师：语言越来越简洁规范了。

③苹果 2 个，香蕉 12 根，香蕉个数是苹果的几倍？

师：如果苹果再减少 2 个，现在又该怎么说？

生：把 2 个苹果看成一份，香蕉有这样的 6 份，也就是 6 个 2，所以香蕉的个数是苹果的 6 倍。

④苹果 1 个，香蕉 12 根，香蕉个数是苹果的几倍？

师：如果苹果继续减少 1 个，也不圈了，你还会比较它们的数量吗？

生：会。把 1 个苹果看成一份，香蕉有这样的 12 份，也就是 12 个 1，所以香蕉的个数是苹果的 12 倍。

师：奇怪了，12 根香蕉都不变，为什么倍数不断发生变化？

$生_1$：因为苹果在不断减少。

$生_2$：苹果每次减少，每份数变了，份数也就变了。

$生_3$：份数变化，倍数就不同了。

$生_4$：每份数越少，倍数就越大。

师：在观察数量的变与不变中，大家不单单发现一份数的变化，还发现香蕉总个数固定时，每份数越少，倍数反而越大。

4. 展现真实，完善认知。

师："倍"学到现在，谁能说说什么是倍，倍是怎么来的？你是怎么想的？

$生_1$：能分成几份，就是几倍。

$生_2$：分之前要看清是和什么做比较，确定好一份有几个，然后有几份这样的就是它的几倍。

师：说明在判断有几倍时，得先确定什么？

生：要先确定一份有几个。

师：看来这个一份数很重要。只要确定好一份数，有几份这样的就是它的几倍。如果一份数改变了，倍数也会变。

【评析：通过变式情境，借助苹果个数的变化，相应的倍数也发生了变化，引发学生认知的冲突，同时感受"1 份数"的重要性，启发学生思考倍数变化的本质是一倍数发生了变化。由于陈老师在动态呈现"1 份数"的变化过程中，能适时引导学生交流、辨析与反思，充分展示学生的真实思维，也凸显学生在“倍”的建构过程中的经验和基础，这样的设计迎合学生建构的需要，进一步明晰“倍”的理解，凸显了“倍”的本质是先明确一份数是几个，有这样的几份，就是它的几倍，帮助学生积累基本活动经验，为数学建构模型提供丰富的感性经验，加深对“倍”的理解。】

**三、内化提升，建构“倍”**

1. 抓住本质，自主活动。

①动手操作。摆出三角形的个数是圆形的2倍。

师：我们刚才是找倍、说倍，接下来我们要用8个圆形、8个三角形来摆一摆倍。有两个温馨建议：1. 想一想先摆什么？2. 摆完，和同桌说说：为什么三角形个数是圆形的2倍？

（同桌合作摆图形）

②展示交流。

（希沃同步展示）

$生_1$：我是先摆2个圆形看成一份，再摆4个三角形，4里面里有2个2。

$生_2$：可以先摆1个圆形，再摆2个三角形，2里面有2个1。

$生_3$：我是这样摆的，先摆3个圆形，再摆6个三角形，6里面有2个3，所以6是3的2倍。

$生_4$：还可以先摆4个圆形，再摆8个三角形，8里面有2个4，所以8是4的2倍。

③诱发思考。为什么摆出的三角形和圆形的个数各不相同，三角形的个数却都可以是圆形的2倍？

师：请看大屏幕，为什么他们摆出的三角形和圆形的个数各不相同，三角形的个数却都可以是圆形的2倍？

$生_1$：因为三角形每增加1个，圆形就增加2个。

$生_2$：三角形个数除以圆形个数都等于2。

$生_3$：三角形都可以分成2份圆形这样的。

师：也就是说不管圆形摆几个，三角形都可以平均分成圆形这样的两份，所以都可以说三角形的个数是圆形的2倍。你们为什么不把8个圆形都摆出来看成一份？

$生_1$：这样三角形就不够了。

生$_2$：如果 8 个圆形一份的话，三角形得 16 个才可以。

师：通过摆，大家渐渐发现倍的本质意义：不管一份数有几个，只要有几份这样的，就是它的几倍。

2. 逐步抽象，理解内涵。

①图形表征。

师：如果圆形不管有几个，我们都看成一份，那么三角形都相当于这样的几份？

生：两份。

师：如果我们把一份圆形用一个长方形表示，那三角形应该用几个这样的长方形来表示？

生：两个。

②图形抽象。

师：如果把两个长方形连起来，还能看出是 2 倍的数量关系吗？

生$_1$：不能。

生$_2$：能。

师：看法不同，各自说说理由。

生$_1$：连在一起都是一个了，看不出 2 倍。

生$_2$：能，下面黄色长方形的长度相当于上面红色长方形的 2 段。

师：原来判断倍数除了可以通过个数观察，还可以通过长度观察。

师：如果把长方形缩小再缩小，现在变成了什么图？

生：线段图。

师：现在没有水果，没有图形，也没有数字了，还能看出是 2 倍吗？

生$_1$：还是可以通过它们的长度来判断。

生$_2$：我用眼睛看、手比，下面线段的长度有 2 段上面那么长，还是 2 倍。

师：真好，还联系到我们以前学到的估测方法来判断倍。

③数学抽象。

师：如果一段表示 7 个汉堡，下面两段表示几个汉堡？

生：一段表示 7 个汉堡，两段是 2 个 7，所以两段是 14 个汉堡。

师：如果有 6 段这样的呢？表示几个汉堡？

生：42 个。

师：如果2段表示10杯可乐，1段又该表示几杯？

生：10除以2等于5杯。

师：同学们真厉害！现在不但理解了倍，还会根据线段图解决和“倍”有关的数学问题。

3. 寻找联系，加深理解。

师：接下来我们来玩个数学小游戏，根据线段图，说一个关于“倍”的数学小故事。老师先来说一个：星期日，我和你们数学老师去图书馆看书，我看了5本，你们数学老师看了10本，你们数学老师看的书是我看的几倍？

生：2倍。

师：接下来轮到谁来说了？

$生_1$：放学后我去买学习文具，我买了3个，我同桌买了9个，他买的是我的3倍。

$生_2$：在家里妈妈给了我16元零花钱，爸爸给了我8元零花钱，妈妈给的是爸爸给的2倍。

$生_3$：天气很热，我和妹妹一起喝水，妹妹喝了5杯，我喝的是妹妹的2倍，我喝了10杯。

$生_4$：我跳绳跳了40下，我跳的是他的2倍，他跳了20下。

师：同学们现在不但会提有关倍数的问题，还会利用对倍的理解来逆向思考解决问题，对数量关系的感知越来越透彻。很快，一节课快结束了，老师给大家留了一道课后思考题，请看大屏幕：3颗黑珠子，10颗白珠子，它们之间有倍数关系吗？

$生_1$：没有，有剩余。

$生_2$：3份多了一颗。

师：我们这节主要学的是整倍数的数量关系，像“3份多了一颗”，其实它们之间也有倍数，是我们以后要继续学习的“比几倍多几”。我们可以这样说：白珠子颗数比黑珠子的3倍多1颗。回家后请思考这两个问题：1. 去掉几颗什么珠子，使白珠子数量是黑珠子的3倍。2. 增加几颗什么珠子，使白珠子数量是黑珠子的2倍。

【评析：陈老师能立足学生的元认知，充分考虑学生的已有经验和认知基础，展示真实的数学建构过程。首先，设计开放性的活动空间，为学生提供了充足的时间，让学生独立摆一摆，在摆时先确定一倍摆几个，如何摆是它的两倍，通过摆图形进一步理解“倍”，在操作实践中理解并建构倍。其次，注重数学模型的建构。在引导抽象时，能关注学生的思维发展和数学抽象，从实物到图形再到线段，对比、反思和交流，从而积累了丰富的感性材料，引导学生亲历了概念形成和建构的全过程，强化了学生对“几倍”的理解，突出数学本质，建构“倍”的基本模型。最后，结合线段图理解两个数量之间的倍数关系，尝试联系线段图说一个数学故事，引导学生根据生活经验以及“倍”的模型，表达自己对“倍”的深层次理解，感受数学与生活的联系，与课前的“倍”的前经验进行有效沟通，体会数学应用价值，能应用数学解释生活，实现有效的数学建构。】

**四、反思梳理，概括总结**

师：通过本节课的学习，你有哪些收获呢？

$生_1$：我会判断一个数是另一个数的几倍。

师：如何判断？

$生_1$：有几份这样的就是它的几倍。

师：谁要补充？

$生_2$：一定要先确定好一份数是多少。

师：看来一份数真的很重要。

师：同学们，知识的学习是无止境的，你们只要稍稍努力一下，老师和家长们就会感到很欣慰；如果你们加倍努力，老师和家长们就会倍感欣慰，欣慰值就像这条形图快速往上升，希望大家以后能再接再厉学习到更多的知识充实自己。

【评析：回顾与反思是对一节课的知识、技能、方法和思想的梳理与总结，更是对数学探究过程的理解和深化，凸显“倍”的应用价值，体会学习的乐趣。】

【本真综评】

**把握知识本源　本真建构概念**

“倍”的认识是数学关系的一种抽象，也是数学概念的建构。在数学概念的建构中，要基于学生的已有经验和认知基础，把握知识本源，引导经历数学探究过程，实现有效的数学建构。

### 一、从本源上把握探究起点

从关系的角度理解，“倍”是在比较两个数量间的关系产生的，是差比的另一种比较形式；从概念的建构理解，“倍”的建立需要借助学生的已有经验和认知基础，是在“几个几”的基础上理解和建构。这两者都指向“倍”的本源性知识，即在比较中产生，在经验上认知。从本源上把握了学生建构的基础和经验，找到学习的真实起点。为此，应把“几个几”作为探究起点，作为建构的生长点。陈老师有效地在课前的互动游戏中植入“几个几”，虽然只是呈现了“几个几”，但唤起了学生已有的知识经验，即乘法初步认识中的“几个几”，为后续理解“倍”的含义提供思维起点。在对3个梨和6个苹果的比较中，学生自然想到的是比多比少，即差比。这时，陈老师提出疑问：“除了比多比少，我们还可以怎么说呢?”引出学生的真实想法“苹果的个数是梨的2倍”。这样的对话，看似随意，实则用心。凸显学生的前经验：一是学生生活经验中有一定倍的认识；二是学生对倍只是一些模糊的认知；三是学生能把倍作为关系来理解。陈老师有效把握了学生概念建构的基础，确立了探究起点，为数学建模提供了思维和经验基础。

### 二、从经验处直观理解概念

几何直观作为概念建构的重要载体，能帮助学生把抽象的数学概念具象化，直观呈现概念的内在关系，帮助学生理解和建构概念。这一方面在陈老师数学课堂上体现得淋漓尽致。首先，陈老师在比较3个梨和6个苹果时，借助圈一圈，重在帮助学生理解“倍”的概念，“3个梨”为一份，苹果有“2个3”，这时我们可以说“苹果的个数是梨的2倍”。通过直观的圈，结合数学的抽象“2个3”，体现几何直观在概念建构中的作用；其次，在摆的活动中，让学生动手摆出12根香蕉，自主探究12根香蕉和3个梨之间的关系，在摆的过程中自觉地用“倍”的经验摆，直观、形象、具体地表达学生对倍的理解。最后，还借助长方形、线段表达两个数量间的倍数关系，直观呈现两种数量间的倍数关系，帮助学生从数到形的有机结合，直观理解“倍”的关系，帮助学生建立“倍”的概念。

### 三、从本质上把握概念内涵

数学概念的建构需要从本质上来理解，把握概念基本内涵，拓宽概念体系。陈老师能基于数学本质的突破，有效激发学生的认知基础和探究经验，把握概念内涵，从生活经验到操作活动经验，再到思维活动经验实现有效的概念理解和深化，主要从以下几个方面进行：一是确立“几个几”的作用。把“几个几”作为概念理解、深化的基础，沟通“求一个数里包含几个另一个数”与倍的联系，明确“包含几个几”可以理解为“谁是谁的几倍”；二是突出几何直观的作用。结合圈图片、摆图片、移图片等活动情境，直观理解“倍”的本质，一个数里有“几个几”，可以说成“谁是谁的几倍”；三是数学抽象的作用。“倍”的认识基于“形”，“形”的表达借助“数”，充分利用学生对倍的理解，展示学生真实的思维过程，适时地对“倍”进行抽象，抽象出“倍”的模型表达，即从长方形到线段，再到用线段表达倍数关系，用语言叙述生活中的倍的关系，直观、形象地刻画“倍”的本质，凸显概念的基本内涵。

**四、从本位上引导数学建构**

本真数学追求学生真正意义的数学理解和数学建构，凸显有价值有意义的数学探究过程。数学建构中，陈老师能注重学生良好素养的形成和发展，注重学生基本活动经验的积累，有意识地渗透适合学生终身发展的数学思想，形成良好的学科素养。如善于激发学生的概念前经验，并适时地启发思考，引出“倍”的生活原型，培养学生的数学探究欲望；在“倍”的理解中，充分展示学生的真实探究过程和数学认知过程，让他们圈一圈、摆一摆、说一说、议一议等，充分暴露学生的真实思维，展示他们的数学理解，便于老师根据建构的需要进行调整和改进，实现更好的建构；在模型的建构中，把握数学本质，凸显“几个几”，呈现不一样的思维过程，如从最初的“梨 3 个一份，苹果有 2 个 3”，到后来的“香蕉有（　　）个 3”，再到后来的“（　　）个（　　）”，学生的思维随着他们对“倍”的理解逐步推进，在不断的理解、反思与建构中加深对“倍”的理解，对本质的把握，对概念的建构。整个数学建构过程彰显学生的探究能力和实践能力，渗透数形结合思想、模型思想，培养学生的探究能力和应用意识。

# 第二节 “图形与几何”案例分析

## “图形的旋转”与空间观念

【本真解读】

**一、课标解析**

（一）目标要求

2011年版课标在第二学段目标中提出：“体验简单图形的运动过程，能在方格纸上画出简单图形运动后的图形，了解确定物体位置的一些基本方法”“在观察、实验、猜想、验证等活动中，发展合情推理能力，能进行有条理的思考，能比较清楚地表达自己的思考过程与结果”“能探索分析和解决简单问题的有效方法，了解解决问题方法的多样性”“在运用数学知识和方法解决问题的过程中，认识数学的价值”。

2011年版课标在第二学段的“课程内容”指出：“通过观察、操作等，在方格纸上认识图形的平移与旋转，能在方格纸上按水平或垂直方向将简单图形平移，会在方格纸上将简单图形旋转90°”“能从平移、旋转和轴对称的角度欣赏生活中的图案，并运用它们在方格纸上设计简单的图案”。

（二）素养要求

2011年版课标明确指出：“空间观念主要是指根据物体特征抽象出几何图形，根据几何图形想象出所描述的实际物体；想象出物体的方位和相互之间的位置关系；描述图形的运动和变化；依据语言的描述画出图形等。”

（三）教学建议

综合以上的学段目标和课标内容，本课教学应落实课程标准的几个基本要求：

1. 联系生活实际，指向旋转本源。

学习旋转能让学生运用数学的眼光看待现实世界，根据教学需要选取学生熟悉的实例作为研究素材。如风车、车杆、秋千、钟表等，并以车杆、秋千等旋转角度不是360°为例，有意识地引导学生探讨，不断丰富学生的认知，积累感性经验，突出旋转在生活中的实际应用，体会数学对人类社会的作用，指向知识的本源，为探究旋转做铺垫。

2. 感知旋转现象，指向旋转本质。

可以动态呈现一些基本图形旋转后的美丽图形、图案以及生活中的一些旋转现象，引导学生观察并感知旋转，鼓励学生从变化的角度去欣赏，感受蕴含其中的旋转现象，并能根据自己的生活经验尝试刻画旋转的特征，可以通过观察钟表、旋转指针，指向旋转的本质，明确图形旋转的三要素。

3. 经历探究活动，指向直观想象。

结合生活实例，通过观察比较与动手操作，通过看一看、画一画、摆一摆、拼一拼等操作活动，如在教学方格纸上画旋转 90°后的图形时，可以先“转”再“画”，让学生先用三角形转一转，再画下来，然后讨论三角形上的两条边转动到了哪里，由此逐步引出画图步骤。同时，还要适时引导学生进行想象、猜测和推理的探究活动，培养学生的空间想象力和推理能力。

**二、教材分析**

本课是进一步认识图形的旋转，探索图形旋转的特征和性质，能在方格纸上画出一个简单图形旋转 90°后的图形，教材编排了三个例题帮助学生理解图形旋转现象。

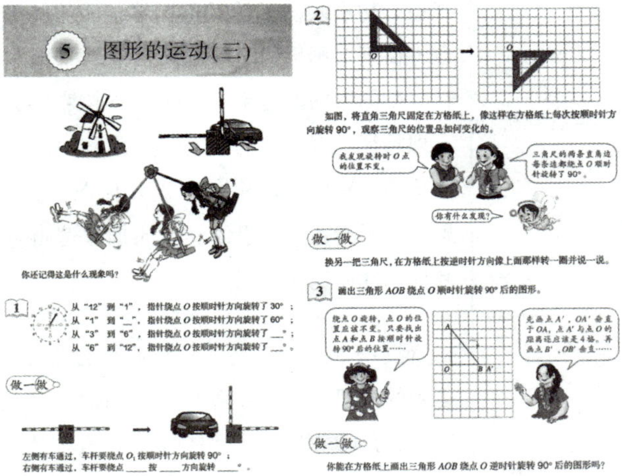


例 1 主要是理解旋转的含义。借助钟面指针的运动，明确旋转的三要素，即：旋转中心、旋转方向与旋转角度。教学中要注意通过观察、想象、操作、描述等多种活动帮助学生认识旋转变化。要通过实例使学生明确顺时针和逆时针的含义，重点要引导学生说清“绕哪个点旋转”“向什么方向旋转”“旋转了多少度”这几点，结合旋转三要素描述运动过程，体会旋转的含义。

例 2 认识图形旋转的特点。以三角尺的旋转为例，引导学生观察图中旋转前后的三角尺位置变化，明确图形旋转的特征，体会旋转中心的位置不变，

三角形的边都绕 $O$ 点逆时针旋转了 90°。教师要引导学生比较并概括说出旋转后的三角形的形状、大小不变。

例 3 画出简单图形旋转 90°后的图形。借助图形旋转的特征以及旋转的经验，让学生在交流的基础上小组合作完成。重点把握对应点的位置，利用已经掌握的图形旋转的特征和性质，把图形的旋转分解为线段的旋转，再画出简单图形旋转 90°后的图形。

【本真设计】

## “图形的旋转”本真设计

福建省莆田市秀屿区实验小学　郑颖

| 年　级 | 五年级 | 课　题 | 图形的旋转 |
|---|---|---|---|
| 教学内容 | 人教版五年级下册第五单元“图形的运动（三）” | | |
| 学情分析 | 知识经验：二年级下册，学生已经初步感知生活中的对称、平移和旋转现象，初步认识了轴对称图形。四年级下册，又进一步认识了平移，能在方格纸上画出一个简单图形沿水平或竖直方向平移后的图形，能画出轴对称图形的另一半。这些都是本课学习的起点和活动的经验。<br>心理特征：五年级的学生已经具备一定的观察、抽象和分析能力，他们能从简单物体运动中抽象出几何图形的变换，具有好奇、好动的特点，思维处于具体形象思维逐步向抽象逻辑思维过渡阶段，其思维的严谨性和抽象性还比较薄弱。 | | |
| 教学目标 | 1. 观察不同旋转现象，认识旋转的三要素，会用数学语言简单描述旋转运动的过程，能在方格纸上画出简单图形旋转 90°后的图形。<br>2. 经历观察实例、操作想象、语言描述、绘制图形等活动，积累基本活动经验，发展空间观念。<br>3. 体验数学与生活的联系，学会用数学的眼光观察生活、思考生活，感受数学美，体会数学的应用价值。 | | |
| 教学重点 | 理解旋转含义，能用数学语言简单描述物体的旋转现象。 | | |
| 教学难点 | 能在方格纸上画出简单图形旋转 90°后的图形。 | | |
| 教学准备 | 课件、三角尺、学习单。 | | |

续表

| 教学过程预设 | | | |
|---|---|---|---|
| | 基于“本”的思考 | 基于“真”的设计 | 设计意图 |
| 教材分析 | 【知识本源分析】<br>“图形的旋转”在学生的日常生活中较为常见，如小孩子制作的小风车，公园里的摩天轮、荡秋千、小飞机等，但这些运动方式很难跟数学联系起来。因此，教学时要寻找知识本源。可以从两个方面进行：一是从生活经验方面寻找旋转的原型，沟通生活与数学的联系；二是从知识经验方面寻找认知的基础，学生在二年级已经初步认识了旋转现象，知道生活中一些运动是旋转。<br>抓住知识本源，于本源处找准学生的学习起点。学生已经对旋转有了一定的认知基础和活动经验，对旋转已有一定的感性经验，也具备了一定的空间想象、动手操作以及画图能力，为本课进一步学习旋转提供坚实的基础。 | 【知识真相把握】<br>“旋转”的真相是图形的运动，知识的真相就是把握图形如何运动，往哪个方向运动，运动到什么程度，也就是把握旋转的“中心、方向和角度”三个要素。对真相的把握主要从以下三个方面进行：<br>1. 从生活到数学。选择生活中某一旋转现象，尝试把看到的运动方式画出来，唤起学生的已有认知经验，用画图的形式表达自己对旋转的感知和认识，找到新旧知识的衔接处。<br>2. 从数学到数学。探究数学内部的运动规律，围绕图形的旋转展开探究，重点把握用旋转三要素表达图形的旋转，能画出旋转后的图形，理解旋转的含义，内化其特征。<br>3. 从数学到生活。体会旋转在日常生活中的广泛应用，理解旋转的本质特征，描述生活中的旋转现象。 | 五年级的学生已经具备一定的观察、比较、抽象和分析能力，他们能从简单物体运动中抽象出图形运动的本质，把握旋转的三要素，围绕三要素进行旋转现象的描述和刻画，理解旋转的特征，能画出旋转后的图形，培养学生几何直观和空间想象能力。 |

续表

| | | | |
|---|---|---|---|
| 课堂预设 | 【数学本质理解】<br>一、对本质的理解<br>“图形的旋转”的编排分为三个学段，小学阶段涉及一、二学段，结合知识本源分析，第一学段侧重直观感知生活中的旋转现象；第二学段侧重通过观察、操作等活动以探索旋转的特征和性质。<br>本节课对旋转的本质理解是：①明确旋转的含义，理解三要素（旋转中心、方向和角度）。②通过实际操作，理解图形的旋转，会在方格纸上画出简单图形旋转 90°后的图形。<br>二、对本质的突破<br>①创设生活情境，选取生活中常见典型实例，帮助学生建立表象，直观感受旋转；②让学生经历观察、想象、思考、操作等发现物体旋转的三要素，明确旋转的含义；③尝试画出旋转，进一步理解旋转的特征。通过“尝试画图—探索旋转—理解旋转—总结方法”四个步骤 | 【课堂真实预设】<br>一、创设情境，激活经验<br>创设游乐园里的风车、荡秋千、车杆等运动的情境，提出问题：这些游乐项目都有什么共同特点？（引出“旋转”）<br>二、认识要素，感受旋转<br>活动一：画旋转<br>提问：这些图形是怎么旋转的？它们有什么共同特点？把你看到的旋转现象画出来。<br>预设：<br>①画荡秋千，发现中心点<br>②画扇子，画出运动方向<br>③画车杆，画出运动方向<br>④画时钟，发现运动有角度<br>活动二：说旋转<br>提问：你能说说这些物体是怎么旋转的吗？<br>预设：指出车杆、铅笔、线段等运动都是绕 $O$ 点，按顺（逆）时针方向旋转了 90°。<br>活动三：画旋转<br>提问：你能在方格纸上画出线段的旋转吗？ | 环节一：激活<br>在日常活动中唤起旋转的经验，引出旋转。<br>环节二：感受<br>通过设计三个活动，不断丰富旋转的经验。<br>活动 1：选取生活中常见的旋转现象实例，帮助学生直观感受旋转。通过观察、比较、思考、交流发现不同旋转最显性的本质特征，渗透旋转三要素。<br>活动 2：如何描述？描述什么？使学生在尝试、反思、调整中亲身感悟描述旋转必须借助三要素，体会缺一不可。<br>活动 3：设计线段的旋转目的是为了抓住关键点的旋转，初步体会图形旋转的本质，为后续画三角形做铺垫。<br>环节三：内化<br>通过类比迁移画线段的经验，先想象三角形运动前后的位置关系，再直观画三角形， |

续表

| | | | |
|---|---|---|---|
| | 把握旋转的本质。首先，通过画线段引导学生对比旋转前后形状、大小、位置变与不变，进一步理解旋转的本质属性；其次，通过实物旋转，使学生感悟图形旋转要抓住关键边的旋转这一本质特征；最后，画出三角形旋转后的图形，感受旋转前后图形和位置的变与不变，突出图形旋转的本质。 | ①能在方格上画出线段 $OA$ 绕 $O$ 点，按顺时针方向旋转 90°后的线段吗？<br>②线段 $OA$ 在旋转后什么变了？什么不变？<br>预设：①位置变了；②长度不变。<br>三、类比迁移，内化旋转<br>提问：①在方格上画出三角形 $AOB$ 绕 $O$ 点顺时针旋转 90°后的图形。<br>②三角形 $AOB$ 在旋转后什么变了？什么不变？<br>预设：①位置变了；②三角形的大小和旋转中心不变。<br>四、沟通联系，应用旋转<br>欣赏图形的运动美（课件）<br>提问：说一说已学过图形运动之间的区别与联系。<br>预设：<br>①运动前后图形的形状、大小都不变。<br>②运动的方式不同，得到的图形也不同。 | 交流辨析三角形旋转前后发生了什么变化，使学生内化图形的旋转本质，培养空间观念。<br>环节四：联系<br>通过基本图形的变换，体会数学美。一方面使学生体会数学源于生活用于生活，另一方面主要帮助学生沟通新旧知识的内在联系，构建完整的知识体系。 |

续表

| | | | |
|---|---|---|---|
| 学生表现 | 【素养本位追求】<br>本真数学构建一个以“学”为中心的数学课堂，让学生成为学习的主人，教师要善于激发学生学习的积极性和主动性，以问题为导向，驱动学生思考与探究，注重培养和发展核心素养。本课注重数学抽象和直观想象素养的培养，通过对旋转的观察，引导学生画出看到的旋转，是一个数学化的抽象过程，有利于培养学生的数学抽象和直观想象。在探究旋转的特征时，通过观察、想象、思考、交流、归纳，培养空间观念和直观想象。 | 【学生真情激发】<br>本真数学立足学生真情，引导数学探究的过程，营造宽松的环境，展开自由的空间，感受童真的天性。以图形旋转三要素引领学生真情融入探究过程，激发学的真情，主要体现在：<br>①观察物体的旋转，阐述画出旋转的情境，激发想象的灵感；<br>②观察线段的旋转，比较运动的变化，激发操作的欲望；<br>③比较图形的旋转，体会旋转的特征，激发发现的热情；<br>④欣赏图形的旋转，感受图形的变换，激发欣赏的欲望。 | 本真课堂追求轻松自由状态下学生的真实探究，基于学情，立足发展，激发学生真情融入数学学习，认真观察学生的课堂表现，评价学生的数学探究，激发学生的真情，引导经历数学探究与建构，实现真实有效的数学建构，体会数学的应用价值与育人功能，培养学生学科素养。 |
| 板书设计 | 图形的旋转<br>三要素：<br>**旋转中心**<br>**旋转方向**（**绕** **逆时针** / **顺时针**）<br>**旋转角度** | | 板书直观、完整、清晰地概括了主要内容和知识体系，有利于学生对知识的整体把握、建构和运用，增强学习效果。 |

【本真课堂】

## “图形的旋转”教学实录与评析

福建省莆田市秀屿区实验小学　　郑颖①　执教
福建省莆田市秀屿区教师进修学校　　唐少雄　评析

**一、创设情境，以旧引新**

师：同学们，去过游乐园吗？在游乐园中你们都玩过哪些游乐项目？

生：过山车、海盗船、旋转木马、跳楼机等（自由发言）。

师：是啊！学习之余可以让爸爸妈妈带你们去游乐园玩一玩，这节课老师就带着咱们班的同学一起去“兰溪游乐园”，它在老师家的附近，看看这当中的游乐项目你是否玩过。

生：摩天轮、旋转木马、旋转飞椅。

师：这三个游乐项目都有什么共同特点？

生：都在做旋转运动。

师：是的，这节课咱们一起再来学习跟旋转有关的知识（板书：图形的旋转）。

【评析：郑老师创设贴近学生生活的游乐园情境，一方面激发学生的学习兴趣和求知欲，另一方面让学生感受数学就在我们身边。当然，重在激活经验，唤起学生对生活中旋转的再认知，便于发现旋转的特征，明确学习的内容“图形的旋转”。】

**二、认识要素，感受旋转**

1. 画中感悟旋转的三要素。

师：同学们，在游乐园中有旋转现象，那除了游乐园你在哪还见到过旋转现象？

生：天花板的吊扇、汽车的方向盘、车轮、风车、时钟等。

师：是啊！只要留心观察，生活中就处处有数学、有旋转。看，老师也带来了一些旋转现象。（课件示图）请仔细观察这些现象是如何旋转的？它们有什么共同特点？接着把你看到的旋转现象画出来。

---

① 郑颖，二级教师，福建省莆田市秀屿区小学数学骨干教师，秀屿区“本真数学研究室”核心成员，多次在市区优质课评选及教师技能比赛中获奖。本课在“2·18莆田市小学数学教学研讨暨优质课评选活动”中荣获一等奖。

师：到了咱们一起交流想法的时间，哪位同学先来？（投影展示学生作品）

生$_1$：我画的是荡秋千，发现荡秋千时是绕着一个点在荡的。

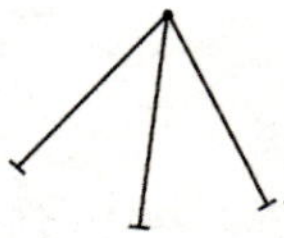

师：在哪？课件上的其他物体也是绕一个点在转吗？请你指一指。

（生指一指）

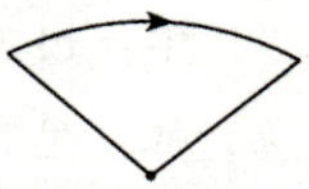

师：观察得真仔细，你的发现也就是数学家的发现，他们把这个点叫作“旋转中心”（板书）。

生$_2$：发现扇子和车杆是按照一定的方向在做旋转运动。（生比画方向）

师：这是个了不起的发现，数学家把这样的旋转方向和咱们钟面指针旋转方向一致的叫作顺时针方向（课件出示顺时针方向）；那与钟面指针方向相反的应该叫什么方向？

生：逆时针方向。

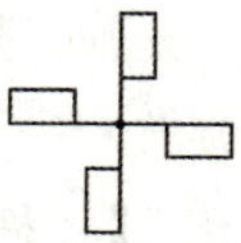

师：真善于迁移！是的，像这样与钟面指针旋转方向相反的叫作逆时针方向（课件出示逆时针方向）。

生$_3$：我发现了旋转的大小不一样，有的旋转了一圈，有的只有一部分。（生用手比画）

师：太厉害了！你将是个发现学家，老师跟你握个手。是的，像刚才这位同学的发现，数学家们把这种现象叫作旋转角度（板书）。物体在做旋转时，有时旋转的角度大，有时旋转的角度小。

师：五（1）班的孩子真厉害！刚才咱们一起通过观察旋转现象、画旋转现象、交流发现了图像旋转时是绕着旋转中心，按照旋转方向（可以是顺时针方向，也可以是逆时针方向），旋转一定的角度，这就是旋转的三要素（旋转中心、旋转方向、旋转角度）。

【评析：郑老师抓住学生对旋转的认识，适时选取生活中常见的旋转现象实例，帮助学生建立正确的表象，直观感受旋转。进而引导学生观察、画图、思考、交流、总结各种旋转最显性的本质特征，即旋转三要素。在三要素中，顺时针方向和逆时针方向无疑是教学的难点所在，学生易混淆。郑老师为了突破难点，引导学生进行对比、比画，归纳并发现顺、逆时针方向表象，以此来培养学生的空间想象能力，为深入探究旋转现象做好铺垫。】

2. 简单语言描述物体旋转的过程，加深对三要素的理解。

课件出示车杆绕 $O$ 点，按顺时针方向旋转 $90^{\circ}$。

师：看，车杆在做旋转运动，它的旋转中心在哪呢？（生指）我们把旋转中心用字母 $O$ 来表示，谁能用自己的语言结合旋转三要素，来描述车杆旋转的过程？

生$_1$：车杆绕 $O$ 点顺时针旋转了 $90^{\circ}$。

生$_2$：车杆绕 $O$ 点，按顺时针方向旋转了 $90^{\circ}$（课件）。

师：铅笔也在做旋转运动，你会说吗？

生$_3$：铅笔绕 $A$ 点，按逆时针方向旋转了 $90^{\circ}$（课件）。

3. 尝试在方格纸上画出线段旋转的过程。

师：看，线段 $OA$ 也能做旋转运动，你能把线段的旋转过程说出来吗？

生：线段 $OA$ 绕 $O$ 点，按顺时针方向旋转了 $90^{\circ}$（课件）。

师：你们能在方格纸上画出线段 $OA$ 绕 $O$ 点，按顺时针方向旋转了 $90^{\circ}$后的线段 $OA'$的位置吗？拿出学习单来画一画。

（生展示画的作品）

师：线段 $OA$ 绕 $O$ 点，按顺时针方向旋转了 $90^{\circ}$后的位置从这到这，这当中什么变了、什么没变？

生：线段的位置变了，从这开始旋转到这；线段的长度没变，还是 4 格。

师：你们是这样画的吗？看来只要根据旋转的三要素，不管是说线段旋转的过程，还是画线段旋转后的所在的位置，都难不倒你们。

【评析：线段的旋转由生活中的旋转现象上升到图形的旋转的最本质抽象，线段的旋转能客观反映旋转的本质。因此，认知旋转应该从线段开始，让学生在方格纸上画出线段 $OA$ 顺时针旋转 $90^{\circ}$后的图形，可以先启发学生说一说，在说的基础上再画。通过实物操作，引导直观理解，看清楚旋转前后图形的位置，体会变中不变的思想，线段 $OA$ 的旋转既承载旋转三要素的深化理解，又为后继学习三角形（图形）的旋转打下了坚实的基础。】

**三、类比迁移，内化旋转**

师：三角形 $AOB$ 是怎样旋转的？

生$_1$：三角形 $AOB$ 绕旋转中心顺时针旋转 $90^{\circ}$。

生$_2$：三角形 $AOB$ 绕 $O$ 点顺时针旋转 $90^{\circ}$。

师：的确如此，孩子们，想想看，从刚才的旋转过程中，你是如何看出三角形 $AOB$ 旋转 90°的？

生：线段 $OA$ 旋转 90°后得到线段 $OA'$，线段 $OB$ 旋转 90°后得到线段 $OB'$。

师：线段 $OA$ 旋转到线段 $OA'$，咱们很容易看出角度是 90°，那线段 $OB$ 旋转到线段 $OB'$ 是怎样证明也旋转了 90°？

生$_1$：利用量角器测量得出旋转了 90°。

生$_2$：用三角形的直角与直角重叠，得出旋转了 90°。

师：孩子们真聪明，能利用学过的方法对新学的知识进行讲道理。是的，它们都是通过旋转中心 $O$ 点的两条线段 $OA$、$OB$ 来证明旋转了 90°的。

师：同样的，你能利用刚才画线段 $OA$ 的方法，在方格纸上画出三角形 $AOB$ 绕 $O$ 点顺时针旋转了 90°后的图形吗？拿出学习单 2 试试看，画完的同学和同桌说一说你是怎样画的。（先画什么，再画什么，最后画什么）

（作品展示交流）

生$_1$：我是先画线段 $OA$ 绕 $O$ 点，顺时针旋转了 90°得到 $OA'$，再画线段 $OB$ 绕 $O$ 点，顺时针旋转了 90°得到 $OB'$，最后连接 $A'B'$，就得到旋转后的三角形 $A'OB'$。

师：能听明白吗？谁再来说一说你是怎样画的？

生$_2$：……

师：旋转前后三角形什么变了，什么没变？

生$_1$：三角形的位置变了，三角形的大小不变。

生$_2$：旋转中心 $O$ 点一直不变。

师：厉害了！看来画旋转后的图形也是难不倒咱们班的孩子，我们一起来看看电脑博士是怎样画的。（动态播放画的过程，总结画法）

师：如果三角形 $A'OB'$ 继续绕 $O$ 点顺时针旋转 90°，会在哪个位置呢？（生指）

师：三角形绕 $O$ 点继续顺时针旋转 90°后会得到什么图形呢？

生：风车。

师：是的，通过旋转四次三角形，可以得到美丽的风车图形。

【评析：课堂真实展现学生的探究过程，在观察旋转的过程中，引导学生从线、点的角度，借助线段旋转的经验，先借助实物，再直观画三角形，最后重点交流三角形旋转前后发生了什么变化，突破图形旋转的教学难点，不断内化学生对图形的旋转理解，从根本上掌握图形旋转最本质的特征。】

**四、思维提升，体会旋转美**

师：孩子们，这节课咱们又一起学习了图形旋转的哪些知识？你有什么收获？

生$_1$：我收获了图形旋转是围绕三要素进行的。

师：哪三要素？

生$_1$：旋转中心、旋转方向，有顺时针方向和逆时针方向，还有旋转角度。

生$_2$：我会画旋转后的线段，旋转后的三角形，它们都是位置变了，大小和旋转中心不变。

生$_3$：……

师：是呀！旋转三要素是很重要的，图形旋转都是围绕三要素进行的。

师：一节课的学习，老师发现咱们五（1）班的孩子个个都非常厉害！不仅善于观察、思考，而且动手能力极强；聪明的你们有没有想过如果图形旋转不是90°，那会是怎样的呢？瞧——（动态播放图形旋转美）

【评析：通过各种图形不同动态的旋转，打破学生的思维定式，动态呈现基本的数学图形通过旋转后变成美丽的图形，感受中心和角度对旋转的影响，欣赏旋转运动的美，进一步体会数学的美丽。】

【本真综评】

**把握运动本质　探究旋转真相**

小学阶段主要学习的图形运动方式有平移、旋转和轴对称等三种，在探究图形的运动中侧重把握图形运动的特征，并画出运动后的图形。学习中，应注重把握图形运动的本质，即运动前后的变与不变。本节课中，郑老师紧紧抓住旋转的本质，展现真实的探究过程，帮助学生理解旋转的真相。具体从以下四个方面展示旋转的探究过程：

**一、挖掘本源，旋转在哪里？**

旋转从哪来？其生活原型是什么？郑老师先以谈话入手，启发学生回忆游乐园的游戏项目，引出过山车、海盗船、旋转木马、跳楼机等活动情境。

接着，对“兰溪游乐园”中的摩天轮、旋转木马、旋转飞椅做了定格和刻画，提出问题：这三个游乐项目都有什么共同特点？从旋转的生活本源寻找其中的共性特点，很好地唤起二年级学生对旋转的初步认识，结合生活经验进一步感受旋转，激活旋转的基本经验。这样的设计，从生活和认知两方面挖掘本源，并沟通两者的联系，为进一步探究旋转现象提供思维基础和实践经验。

**二、把握本质，旋转是什么？**

旋转是什么？为什么会旋转？它们是怎么旋转的？如何理解生活中旋转的现象等等，郑老师围绕这些学生的真实问题，进行旋转本质的探寻之旅。首先，让学生把看到的旋转现象画出来。画的过程就是学生对脑中旋转的理解外显化，也是数学抽象的过程，更是空间观念的发展，在画中感受并理解旋转的特征；其次，说说这些图形是怎么旋转的。在展示交流中，学生呈现“绕着一个点旋转的荡秋千”“按一定的方向旋转的车杆和扇子”“风车的自然旋转”等，学生边展示边比画，展示的是旋转的结果，比画的是旋转的中心点和方向，还有扇子张开的大小呈现了旋转的角度；最后，总结它们都有什么共同特点。把握这些旋转的共性特征，不管哪个图形，旋转都是围绕着中心点按一定的方向旋转，进一步认识旋转的方向有顺时针和逆时针两个方向，还认识了旋转也有角度的大小，从中心点、角度和方向三个要素理解旋转，能用自己的语言描述旋转，在对比分析中理解旋转的本质。

**三、探究真相，旋转怎么样？**

旋转怎么样？怎么旋转起来？旋转的本质是什么？郑老师引导学生经历旋转的探究过程，让学生亲身经历旋转的慢动作和细过程，让旋转一帧一帧地定格在学生的思维世界里，激发学生真情。为探究旋转真相，郑老师设计了两个探究活动：一是探究线段的旋转。以车杆绕 $O$ 点顺时针旋转 $90°$ 为例，先让学生用自己的语言结合旋转三要素，描述车杆旋转的过程；再尝试在方格纸上画出线段旋转的过程；最后，启发思考：旋转前后什么变了，什么没变？整个旋转过程是学生知识探究的过程，更是学生思维认知的过程，引导学生经历完整的知识探究过程，探究旋转的真相，感悟其中的数学思想。二是探究图形的旋转。以三角形 $AOB$ 的旋转为例，先让学生尝试用实物在方格纸上旋转，让学生用自己的语言说说三角形 $AOB$ 是怎么旋转；再引导学生观察两直角边的旋转，以上面线段旋转的经验阐述旋转现象，理解整个图形的旋转；最后，启发思考：旋转前后三角形什么变了，什么没变？指向旋转的本质，引导学生解释旋转的本质，凸显旋转的真相，引导学生进行真正的数学探究。

**四、展现真实，旋转有何用？**

旋转有何用？为什么要学习旋转？目标指向旋转的现实意义和实践价值。郑老师在三角形 $AOB$ 的旋转过程中，通过四次旋转，真实展现旋转过程中所形成的风车图案，让学生感受数学的魅力，展现数学美，初步体现旋转的价值。最后，结合回顾反思，展现生活中的旋转现象，让学生直观形象地感受到生活中旋转的应用，体会数学与生活的联系。同时追问学生：如果图形旋转不是 90°呢？那会是怎样的呢？启发学生深层次理解旋转，丰富旋转的经验和联想，通过课件动态播放图形旋转产生的美，在欣赏美的同时，体会旋转的社会价值和现实意义，产生积极的美的体验。

## 第三节　“统计与概率”案例分析

### “复式条形统计图”与数据分析

【本真解读】

**一、课标解析**

（一）目标要求

数据分析观念是课标提出的十个核心词语之一，2011 年版课标对数据分析观念的解释是：“数据分析观念包括：了解在现实生活中有许多问题应当先做调查研究，收集数据，通过分析做出判断，体会数据中蕴涵着信息；了解对于同样的数据可以有多种分析的方法，需要根据问题的背景选择合适的方法；通过数据分析体验随机性，一方面对于同样的事情每次收集到的数据可能不同，另一方面只要有足够的数据就可能从中发现规律。数据分析是统计的核心。”

2011 年版课标第二学段目标提出：“经历数据的收集、整理和分析过程，掌握一些简单的数据处理技能”“进一步认识到数据中蕴含的信息，发展数据分析观念”。同时，在第二学段的“课程内容”中指出：“能用条形统计图直观且有效地表示数据”“能从报纸杂志、电视等媒体中，有意识地获得一些数据信息，并能读懂简单的统计图表”“能解释统计结果，根据结果做出简单的判断和预测，并能进行交流”。

（二）素养要求

2011 年版课标提出的数据分析观念包括：“了解在现实生活中有许多问题应当先做调查研究，收集数据，通过分析做出判断，体会数据中蕴涵着信息；了解对于同样的数据可以有多种分析的方法，需要根据问题的背景选择合适的方法；通过数据分析体验随机性，一方面对于同样的事情每次收集到的数据可能不同，另一方面只要有足够的数据就可能从中发现规律。”

（三）教学建议

复式条形统计图教学根据统计图表进行简单的数据分析，做出合理的推断，把数据分析与解决问题结合在一起，使学生更好地理解统计在解决问题中的作用，逐步形成统计观念。因此，本课教学要把数据分析观念的培养贯穿教学过程，从以下几个方面进行突破：

1. 经历数据分析过程。

教师要善于引导学生主动地去获取现实生活中有关数据信息，如学生喜好的歌曲、运动项目、各类课外读物等，学生感兴趣的电视栏目、爱吃的水果蔬菜、爱喝的饮料等，学生最喜欢的颜色、四季中最喜欢的季节等，在具体活动情境中，引导学生经历收集、整理、分析数据的过程，经历调查研究、收集数据、整理数据、分析数据、获取信息、做出预测和决策、进行交流、评价改进等过程，通过数据分析做出决策和推断，并体会数据中蕴含的信息。

2. 凸显数据分析方法。

2011 年版课标在第二学段提出“会根据实际问题设计简单的调查表，能选择适当的方法（如调查、试验、测量）收集数据”，数据分析的方法包括收集数据和整理数据的方法，即数据的调查和获取、整理、描述与分析等方法，能根据解决问题的需要合理选择调查、试验、测量等方法收集数据，并对收集到的数据采用统计图表或统计量进行整理。

3. 体现数据分析作用。

教师要创设有效的数据分析活动，让学生体会数据的作用，亲身经历对数据的调查、研究、做出判断的活动过程，真正体会到数据中蕴含着信息，体会到数据存在的客观性，数据分析的价值性，体会数据分析能够帮助人们做出决策，体现数据分析的价值与作用，建立起“用数据说话”的意识，发展学生的数据分析观念。

**二、教材解读**

复式条形统计图是在第一学段学习了单式条形统计图和复式统计表，经历了把两个单式统计表合并成一个复式统计表基础上学习的，让学生进一步体验数据的收集、整理、描述和分析的过程，认识两种复式条形统计图，并进行简单的数据分析。教材围绕两条主线展现真实的数学认知过程：

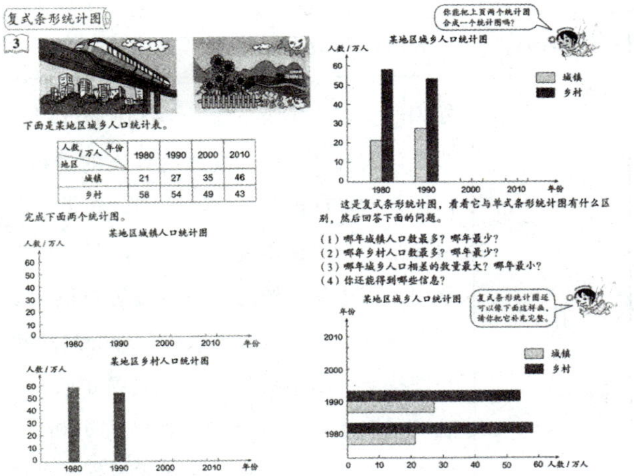
复式条形统计图

3

下面是某地区城乡人口统计表。

| 人数/万人　年份<br>地区 | 1980 | 1990 | 2000 | 2010 |
|---|---|---|---|---|
| 城镇 | 21 | 27 | 35 | 46 |
| 乡村 | 58 | 54 | 49 | 43 |

完成下面两个统计图。



这是复式条形统计图，看看它与单式条形统计图有什么区别，然后回答下面的问题。

（1）哪年城镇人口数最多？哪年最少？
（2）哪年乡村人口数最多？哪年最少？
（3）哪年城乡人口相差的数量最大？哪年最小？
（4）你还能得到哪些信息？



一条是统计过程主线，主要凸显应用意识。本课教学要让学生认识两种复式条形统计图，能根据统计图提出并回答简单的问题，能发现信息并进行简单的数据分析。教学时，要注意引导学生在已有的知识和经验的基础上自主探索复式条形统计图，让学生经历数据的收集、整理、描述和分析的过程，进一步感受统计在现实生活中的应用，理解数学与生活的密切联系。教学时要适当地设计一些实践活动，注意联系学生的生活实际，培养学生的数学应用意识。

另一条是数据分析主线，主要突出统计的作用。通过对现实生活中有关实例的调查，激发学生的学习兴趣，把数据分析与解决问题结合在一起，让学生经历“运用数据进行分析与决策”的思考过程，体会统计对于事物发展趋势的判断作用，让学生更好地理解统计在解决问题中的作用，进一步体会统计的意义。

【本真设计】

## “复式条形统计图”本真设计

福建省莆田市实验小学　郑娟娟

| 年　级 | 四年级 | 课题 | 复式条形统计图 |
|---|---|---|---|
| 教学内容 | 人教版四年级下册第八单元“平均数与条形统计图” | | |
| 学情分析 | 知识经验：三年级下册，学生已经学过了复式统计表，经历了把两个单式统计表合并成一个复式统计表的过程。四年级上册掌握了单式条形统计图，初步认识了条形统计图，知道了条形统计图的意义和用途。这为引导学生自主探索复式条形统计图的绘制方法，进一步体验数据的收集、整理、描述和分析的认识过程等提供知识经验。通过对统计图进行简单的数据分析，根据数据做出合理的判断和决策，发展学生的统计观念。<br>心理特征：四年级学生已经具备了收集、整理、分析数据的能力，他们能根据统计图表进行简单的数据分析，做出合理的推断。在思维方面，学生逐步厘清数学概念中本质属性与非本质属性，学会独立进行逻辑推理和数学思考，但他们的思维仍然具有很大成分的具体形象思维。 | | |
| 教学目标 | 1. 认识复式条形统计图，了解复式条形统计图的特点，能把复式条形统计图补充完整，了解复式条形统计图的意义和用途。<br>2. 在已有知识和经验基础上，进一步体验数据的收集、整理、描述、分析的过程，能根据统计图发现问题、提出问题、解决问题。<br>3. 通过对现实生活中有关事例的调查与统计，使学生体会到数学知识与实际生活联系紧密，激发学生的学习兴趣，培养学生细心观察的良好学习品质，同时渗透爱国主义教育。 | | |
| 教学重点 | 能把复式条形统计图补充完整，并根据复式条形统计图进行简单的数据分析。 | | |
| 教学难点 | 根据复式条形统计图进行简单的数据分析。 | | |
| 教学准备 | 课件、统计表格、彩笔、直尺。 | | |

续表

| 教学过程预设 | | | |
| --- | --- | --- | --- |
| | 基于"本"的思考 | 基于"真"的设计 | 设计意图 |
| 教材分析 | 【知识本源分析】<br>复式条形统计图是在单式条形统计图基础上进行教学的，通过教学让学生掌握其特点和绘制方法，引导学生经历收集、分析、描述数据的全过程，根据数据做出合理的判断，发展学生的数据分析观念。<br>本真数学注重从知识本源上确立学习起点。由于学生已经对统计有了一定的认知基础和活动经验，具备了收集、整理、分析数据的能力，能根据统计图表进行简单的数据分析，做出合理的推断，逐步形成统计观念，为本课的进一步学习奠定基础。<br>教学时，要从以下两个方面寻找知识本源：一是从学生的生活入手，寻找生活中的知识原型，从学生感兴趣的生活中的事例入手，找到知识的衔接点；二是从学生已有的知识经验入手，寻找学生的最近发展区。 | 【知识真相把握】<br>"复式条形统计图"的真相是对统计图表进行简单的数据分析，做出合理的推断，把数据分析与解决问题结合在一起，使学生体会并理解统计在解决问题中的作用，发展学生的数据分析观念。<br>对真相的把握主要从以下三个方面进行：<br>1. 基于现实引入统计。<br>以学生感兴趣的生活信息引入调查统计，引导学生经历收集、整理、分析数据的过程，唤起学生的已有认知经验。<br>2. 基于衔接引导合并。<br>寻找新旧知识之间的连接点，引导经历调查研究、收集数据、整理数据，激发学生产生合并的需要。<br>3. 基于统计数据分析。<br>注重数据分析、进行交流、评价改进、做出预测和决策等过程，体会数据分析能够帮助人们做出决策，体现数据分析的价值与作用，发展数据分析观念。 | 四年级学生已经具备一定的统计观念，经历过小组内调查统计的过程，发展学生的统计意识。在此基础上，引导学生再次经历统计过程，体会统计的必要性，培养统计意识。把数据分析与解决问题结合在一起，让学生经历"运用数据进行分析与决策"的思考过程，联系学生的生活实际，培养学生的数学应用意识，发展学生的数据分析观念，进一步体会统计的意义。 |

续表

| | | | |
|---|---|---|---|
| 课堂预设 | 【数学本质理解】<br>一、对本质的理解<br>“统计”的编排分为三个学段，第一学段侧重于引导经历简单的数据收集和整理过程，并能用自己的方式（文字、图画、表格等）呈现整理数据的结果，会描述数据，感受数据中蕴涵的信息。第二学段侧重经历简单的收集、整理、描述和分析数据的过程，认识统计图，能用统计图直观、有效地表示数据，能根据结果做出简单的判断和预测。<br>复式条形统计图的本质是进一步整理和分析，主要从以下三方面进行把握：<br>①能把复式条形统计图补充完整，了解复式条形统计图的意义和用途。<br>②体验数据的收集、整理、描述、分析的过程，能根据统计图发现问题、提出问题、解决问题。<br>③能根据统计图表进行简单的数据分析，做出合理的推断，发展数据分析观念。 | 【课堂真实预设】<br>一、激活目标，创设情境<br>1. 激趣引入。<br>提问：从这张表格中你获得了哪些数学信息？<br>2. 展示交流。<br>提问：你们能否把这张统计表绘制成条形统计图？<br>3. 引发冲突。<br>提问：从这两张图中，你又能提出哪些有价值的数学问题？<br>二、自主探索，合作生成<br>1. 小组合作，探索方法。<br>设疑：如何把这两张统计图合并成一张统计图呢？<br>2. 展示作品，梳理方法。<br>预设：<br>①画直条，没有间隔。<br>②画直条，没有画出图例。<br>③画图例，完善条形统计图。<br>3. 分析数据，激发情感。<br>比较：复式条形统计图与单式条形统计图有什么区别？复式条形统计图有什么优点？ | 环节一：激活<br>以情境引入，唤起学生对已有的知识和生活经验的记忆。通过展示交流条形统计图，引发学生的视觉冲突，产生合并的内心需要。<br>环节二：探索<br>引导学生充分参与复式条形统计图的探究过程，拓宽学生的活动空间，在愉悦的环境下探索、操作、交流、分享。<br>活动1：设疑<br>引导学生合作探究复式条形统计图的绘制方法。<br>活动2：比较<br>通过观察、比较，合作探究绘制方案，形成科学正确的认识结构。 |

续表

| | | | |
|---|---|---|---|
| | 二、对本质的突破<br>基于对教材的理解和把握，在数学本质上可以从以下三个方面进行突破：<br>①创设生活情境，用学生感兴趣的图片材料激发学生学习的热情。通过把统计表绘制成统计图的过程，唤起学生对旧知的回忆，让学生根据两幅单式统计图观察发现信息，引发学生的视觉冲突，产生合并的内心需要。<br>②经历探究过程，让学生充分经历复式条形统计图的探究过程，在操作、交流、分享中探索复式条形统计图的绘制方法。根据统计图表进行简单的数据分析，做出合理的推断，增强学生的统计意识，发展学生的数据分析观念。<br>③回归生活实际，从数学走向生活，以老区生活中的一些数据为资源进行练习设计，及时巩固所学的知识，促进知识的内化。培养学生自觉运用知识解决实际问题的能力，使学生体会到知识源于生活又用于生活，进一步明确统计的必要性。 | 预设：<br>①相同点是它们都是用条形表示数量。<br>②复式条形统计图用两种直条表示两组不同的数据，需要图例。<br>③可以更方便地对几组数据进行分析比较。<br>分析：你能利用这些信息解决问题吗?<br>预设：<br>①参加演讲的男生比女生多多少人?<br>②参加手工制作的男女总人数最多，参加演讲的男女总人数最少。<br>③参加手工制作的女生比男生多多少人?<br>三、走进生活，解决问题<br>1. 老区人民话幸福。<br>提问：从这张统计图中你获得了哪些数学信息?<br>预设：<br>①再过十年后珠江革命老区人均年收入可能会超过城镇的人均年收入。<br>②十年后老区的人均年收入会达到50000元。<br>③珠江革命老区人民的生活水平会越来越高。<br>2. 老区学生忆革命。 | 活动3：分析<br>通过比较单、复式条形统计图的异同点，沟通知识间的内在联系，增强学生的统计意识，发展学生的统计观念，提高问题解决能力。<br>环节三：应用<br>以老区生活中的一些数据为资源进行练习设计，及时巩固所学的知识，促进知识的内化。让学生根据统计表绘制复式条形统计图，培养学生自觉运用知识解决实际问题的能力，使学生体会到知识源于生活又用于生活，进一步明确统计的必要性，提高运用数学知识解决问题的能力，同时渗透爱国主义教育。 |

续表

| | | | |
|---|---|---|---|
| | | 提问：根据以上信息，你有什么好建议？<br>预设：<br>①可以再增加一些影片，我觉得《开国大典》这部影片也不错。<br>②我觉得可以根据学生喜欢的影片类型来选择新的影片。<br>四、全课总结，拓展延伸<br>提问：你有什么新的收获？ | |
| 学生表现 | 【素养本位追求】<br>本真教学是以素养本位为核心，围绕核心素养的培养、发展和落实，实现从知识本位到素养本位的转向，实现有效的数学探究和知识建构，促进培养全面发展的人。本课注重数据分析和应用意识的培养，以生活中的实际问题作为切入点，将数据分析与解决问题有机结合，引导学生根据统计图表进行简单的数据分析，做出合理的推断。在数据分析中获得必要的统计知识和方法，逐步形成数据分析观念，提高学生的应用意识。 | 【学生真情激发】<br>本真教学以学生真情为起点，激发学生的活动经验，关注学生的动态生成，引导经历数学探究的过程，感悟蕴含其中的数据分析与价值观念，体验数学学习的乐趣。<br>以解决问题为依托，展现真实的数据分析过程，有利于激发学生真情，主要体现在：<br>①以生活实际引入，绘制统计图，激发学习的兴趣。<br>②以自主探索展开，分析数据，激发合并的需要。<br>③以问题解决为依托，发展统计意识，激发统计的热情。 | 本真课堂突出了“培养全面发展的人”的育人目标，展现“学生真情”，立足生本，激发经验，关注生成。基于素养本位，立足在互动课堂，关注数学知识发生的过程，基于儿童数学学习的需要，彰显知识的呈现过程，关注学生认知数学的过程。 |

续表

| | | |
|---|---|---|
| 练习设计 | 一、老区人民话幸福<br>1. 从统计图中你获得了哪些数学信息？<br>2. 预测十年后珠江革命老区会有什么变化。<br>二、老区学生忆革命<br>1. 从统计图中你能提出什么数学问题？<br>2. 你有什么好建议？ | 及时巩固获得的知识，促进知识的内化，体会到知识源于生活用于生活，激发学生的学习兴趣。 |
| 板书设计 | 单式条形统计图<br>复式条形统计图　单式条形统计图　区别：两个直条表示不同的数据；在条形统计图的右上角标明图例<br>优点：便于直观地对几组数据进行分析比较。 | 简洁明了的板书，有利于学生直观地了解课堂知识的重难点，形成一个完整的知识体系，提高课堂教学效率。 |

【本真课堂】

## “复式条形统计图”教学实录与评析

福建省莆田市实验小学　郑娟娟[①]　执教

福建省莆田市秀屿区教师进修学校　唐少雄　评析

### 一、激活目标，创设情境

师：今天是 9 月 29 日，再过两天是我们中华人民共和国成立 60 周年大喜的日子，作为爱国主义教育基地，我们学校掀起了一股迎国庆的热潮。

这是一张四年级同学参加“我骄傲，我是中国人”系列活动的统计表。

**参与人数统计表**

| 项目 / 人数/人 / 性别 | 手工制作 | 演讲 | 书画 | 唱歌 |
|---|---|---|---|---|
| 男生 | 8 | 6 | 11 | 10 |
| 女生 | 15 | 9 | 6 | 12 |

师：从这张表格中你获得了哪些数学信息？

① 郑娟娟，莆田市骨干教师，徐国裕名师工作室成员，原秀屿区“本真数学研究室”核心成员，多次在市、区举行的优质课、说课、教学技能比赛中获得一、二等奖。本课在“莆田市小学数学课堂教学观摩研讨活动”中荣获一等奖。

生$_1$：我发现共有四个比赛项目。

生$_2$：我知道了参加手工制作的男生有8人，女生有15人；参加书法的男生有11人，女生有6人。

生$_3$：我知道了参加演讲的男生有6人，女生有9人；参加唱歌的男生有10人，女生有12人。

生$_4$：我发现参加手工制作的女生比男生多7人。

生$_5$：我发现男生中参加书法的人数最多，参加演讲的人数最少。

师：你们能否把这张统计表绘制成条形统计图？可以选择其中的一个项目进行绘制。

（生独立绘制）

（师展示作品）

师：现在请同学们观察这两张统计图，从这两张图中，你又能提出哪些有价值的数学问题？

生$_1$：参加手工制作的男生比参加演讲的男生多多少人？

生$_2$：参加书法的女生比参加唱歌的女生少多少人？

生$_3$：参加手工制作的女生比参加演讲的女生多多少人？

生$_4$：参加演讲的女生比男生多多少人？

师：你能马上做出回答吗？（学生迟疑了一下后解答）你是怎么算出来的？

生$_5$：看两张统计图。

师：有什么办法能让人一眼就比较出它们的多少呢？

生$_6$：把两张图移近点，再近点。

生$_7$：还是不太方便，能不能把两张图合并成一张图？

师：你真是个有想法的孩子！

【评析：用学生感兴趣的图片材料，唤起学生对已有知识和生活经验的记忆。教师通过把统计表绘制成统计图的过程，唤起学生对旧知的回忆，梳理条形统计图的绘制方法。在引导学生把单调的统计表转化成形象的统计图后，教师让学生根据相隔较远的两幅统计图去观察发现信息，引发学生的视觉冲突，让学生产生合并的内心需要。】

**二、自主探索，合作生成**

师：如何把这两张统计图合并成一张统计图呢？可以跟小组成员交流

一下。

请看合作要求：

①先制定绘制方案。②小组成员合理分工。③选出已绘制的一张统计图，在此基础上进行绘制。（学生完成后，先展示同颜色的统计图）

展示作品：这组同学绘制得怎么样呢？

生$_1$：这么多条形，看不清哪条表示男生，哪条表示女生。

师：我们请这组同学来介绍一下他们的绘制说明。（展示涂两种颜色的，但没有图例）

生$_2$：我们组用蓝色来表示男生，红色来表示女生。

师：我们能一眼看出哪种颜色表示男生，哪种颜色表示女生吗？还要怎么做？

生$_3$：在旁边写上男生或女生。

师：我们再来看这一组同学的作品（展示有两种颜色且有图例的）。我们请这组的代表来说说理由。

生$_4$：我们组在统计图的右上角最醒目的位置做个说明，让别人一眼就能清楚地看出男生和女生。

师：这种想法别具一格，在统计图的某个位置做个说明，让别人一眼就能清楚地看出男生和女生，这个标志在统计图中叫作图例。统计学上一般把图例画在右上角。

（播放课件说明：①先标出图例，区分男、女生。②再画出两种直条，两种直条要紧挨在一起）

师：你们能否也给这张统计图命名？

生$_1$：双式条形统计图。

生$_2$：复式条形统计图。

师：真棒！这就是我们今天要学习的新知识——复式条形统计图。

（教师板书课题“复式条形统计图”）

师：复式条形统计图与单式条形统计图有什么异同点？

生$_1$：相同点是它们都用条形表示数量。

生$_2$：不同的地方是，单式条形统计图只用一种直条来表示数据，不需要图例说明。复式条形统计图用两种直条表示两组不同的数据，需要图例区分说明。

生$_3$：复式条形统计图可以表示几组数据。

师：复式条形统计图有什么优势？

生$_1$：复式条形统计图能更直观地比较出同一项目的男女生人数。

生$_2$：复式条形统计图可以更方便地对几组数据进行分析比较。

师：复式条形统计图可以更直观地对两种或两种以上的数据进行比较分析。

师：你能利用这些信息解决问题吗？

（课件出示："参加哪项活动的男生人数最多？参加哪项活动的女生人数最少？"）

（学生抢答）

师：你的反应真快！你能提出什么数学问题？

师：参加哪项活动的男女生总人数最多？哪项活动最少？

生$_1$：参加手工制作的男女生总人数最多，参加演讲的男女生总人数最少。

师：你还能提出什么数学问题？

生$_1$：参加手工制作的女生比男生多多少人？

生$_2$：参加演讲的男生比女生多多少人？

生$_3$：男生共有多少人？全班共有多少人？

【评析：让学生参与复式条形统计图的探究过程，拓宽了学生的活动空间，使学生在愉悦的环境下探索、操作、交流、分享。教师在借助展示合作成果的同时，适时引导学生对各个作品做出合理评价，通过观察、比较，优化最佳的绘制方案，形成科学正确的认知结构，理清知识间的内在联系。】

**三、走进生活，解决问题**

师：为了更好地了解革命老区人民的生活情况，我们一起来看一张珠江革命老区与城镇人均年收入变化条形统计图。

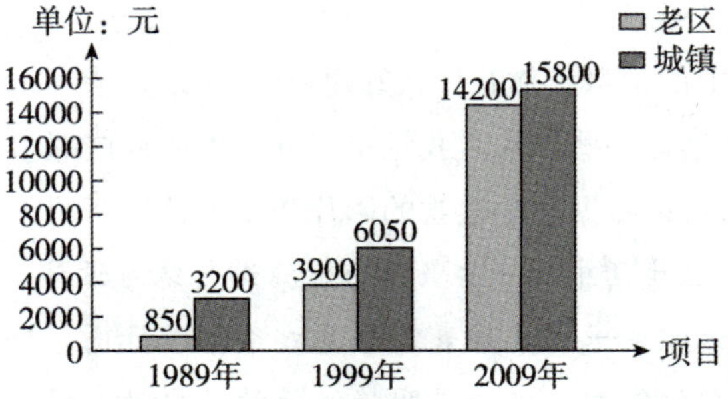


珠江革命老区与城镇人均年收入变化统计图

师：从这张统计图中，你获得了哪些数学信息？

生$_1$：我发现老区的人均年收入水平增长得很快。

生$_2$：我发现不管是城镇还是老区的人均年收入都增长得很快。

生$_3$：我发现老区的人均年收入与城镇的人均年收入差距越来越小。

师：根据这种变化，我们预测再过十年后珠江革命老区会有什么变化呢？

生$_4$：再过10年后珠江革命老区人均年收入可能会超过城镇的人均年收入。

生$_5$：10年后老区的人均年收入会达到50000元。

生$_6$：珠江革命老区人民的生活水平会越来越高。

师：老区的学生最喜欢观看爱国主义影片，学校经常为他们播放这样的影片。下面就是四年级学生做的一个小调查。(课件展示下表)

| 项目 / 人数/人 / 性别 | 《小兵张嘎》 | 《地道战》 | 《解放》 | 《铁道游击队》 |
| --- | --- | --- | --- | --- |
| 男生 | 16 | 12 | 7 | 6 |
| 女生 | 14 | 5 | 8 | 15 |

师：请同学们根据这个统计表中的数据绘制出复式条形统计图。(学生绘制后，展示有代表性的作品)

师：现在请你们利用这个统计图来解决几个问题。从图中，可以看出喜欢哪一部影片的男生人数最多？喜欢哪一部影片的女生人数最少？

生$_1$：喜欢《小兵张嘎》的男生人数最多，喜欢《地道战》的女生人数最少。

师：你很善于解决问题！哪一部影片最受同学们的欢迎？

生$_2$：《小兵张嘎》。

师：根据以上的信息，你有什么好建议？

生$_3$：可以再增加一些影片，我觉得《开国大典》这部影片也不错。

生$_4$：我觉得可以根据学生喜欢的影片类型来选择新的影片。

【评析：以老区生活中的一些数据为资源进行练习设计，在了解老区学生的课外生活中，让学生根据统计表绘制复式条形统计图，培养学生自觉运用知识解决实际问题的能力，进一步明确统计的必要性，提高运用数学知识解决问题的能力，同时渗透爱国主义教育。】

【本真评析】

**经历真实统计　培养数据分析**

数据分析观念是课标的十个核心词语之一，也是学生六大素养之一，在“统计与概率”教学中要落实数据分析观念，引导学生经历数据分析的过程，掌握数据分析的方法，突出数据分析的功能、价值和作用。

**一、激活整理经验，诱发合并需要**

由于在这之前学生已经学会简单数据的收集与整理，能用单、复式统计表以及单式条形统计图整理数据，经历复式统计表的整理与合并过程。本节课注重激活学生经验展现课堂真实，郑老师先呈现四年级同学参加“我骄傲，我是中国人”系列活动统计表，引导学生读懂并分析数据，突出复式统计表的特点及作用。接着，呈现整理好的两个单式条形统计图，体会不同数据整理方式的特点，激活学生的数据整理经验。最后，引导学生提出有价值的数学问题，激发学生的合并需要。郑老师紧紧抓住“复式”的本源，以复式统计表的整理经验，诱发学生的合并需要，展现真实的数学课堂和学生真情，凸显不同整理方式的特点与价值。

**二、尝试自主整理，经历合并过程**

由于学生有了复式统计表的合并经验，郑老师放手让学生在已有的单式条形统计图上尝试自主整理与合并。活动之前，先明确合作要求，再合作探究，让学生尝试经历单式统计图的合并过程。郑老师凸显课堂真实，展现真实探究下的学生真情，引导学生交流辨析，反思合并过程中出现的问题，展开互动交流，重点把握如何分清男女生表示的数据，突出图例在复式条形统计图中的作用，以及在合并过程中标题的变化、直条的画法等细节问题，进一步明晰复式条形统计图与单式条形统计图的数据表达和整理特点，体会不同整理方式的联系与区别，为下面的比较分析做充分的准备。

**三、引导对比分析，凸显数据分析**

《2011年版课标》指出，第二学段要注重引导学生“经历简单的收集、整理、描述和分析数据的过程（可以使用计算器）”。郑老师注重引导学生对整理好的统计图进行对比分析，对单式和复式条形统计图对比分析，对复式统计表和复式条形统计图比较分析，引导学生亲身经历真实的数据分析过程，体验不同的整理方法和作用，突出选择合适的方法整理数据，凸显复式条形统计图的作用与特点，引导学生客观合理地整理数据，科学地分析数据，利用数据的分析进行决策和判断，彰显数据分析的作用与价值。

**四、应用数据分析，体现分析价值**

不同的整理方式都有各自不同的特点和作用，但不同的整理方式都指向数据分析，即借助整理好的数据科学地分析数据，凸显数据分析的价值。郑老师能注重引导学生亲身经历分析的过程，正确运用分析的结果做决策。《2011年版课标》对第二学段“数据分析方法”提出明确要求：“了解调查、测量等收集数据的简单方法，并能用自己的方式（文字、图画、表格等）呈现整理数据的结果”，郑老师以学生的发展为重，通过“珠江革命老区与城镇人均年收入变化条形统计图”引导学生进行数据分析，凸显珠江革命老区与城镇人均年收入的对比分析，展现革命老区的生活水平新风貌。通过对“四年级学生最喜欢观看爱国主义影片统计表”的展现，引导学生补充绘制复式条形统计图，引导学生根据调查的需要合理地选择合适的统计方法，借助数据分析、判断、预测和解决问题，初步形成数据整理和分析的能力。

# 第四节　“综合与实践”案例分析

## “自行车里的数学”与应用意识

【本真解读】

**一、课标解析**

（一）目标要求

2011年版课标明确指出：“‘综合与实践’是一类以问题为载体、以学生自主参与为主的学习活动。”在“教学建议”中提出：“综合与实践是教师通过问题引领、学生全程参与、实践过程相对完整的学习活动。”课标明确指出综合与实践的课程性质和活动形式，并在“内容标准”中对第二学段的综合与实践提出明确的要求，即：

1. 经历有目的、有设计、有步骤、有合作的实践活动。

2. 结合实际情境，体验发现和提出问题、分析和解决问题的过程。

3. 在给定目标下，感受针对具体问题提出设计思路、制定简单的方案解决问题的过程。

4. 通过应用和反思，进一步理解所用的知识和方法，了解所学知识之间的联系，获得数学活动经验。

课标内容标准从综合与实践的活动要求、问题提出、方案制定、活动实施、活动成效等几个方面提出指导性意见。要求在开展综合与实践活动中，学生自己能初步发现和提出问题，能有针对性地设计简单的方案，并根据设计的方案有目的、有步骤、有合作地实践活动，能对活动的过程进行应用和反思，能根据活动的体验阐述自己的观点和想法；要求学生的活动思考更加深入，边活动边思考，边思考边调整，活动思考更加开放，要求学生从数学的角度思考问题，能借助活动过程思考数学知识间的联系、数学与生活的联系，体会数学的应用价值和实践意义，使活动思考更趋成熟，能适时积累基本活动经验，灵活应用知识技能解决实际问题，培养逻辑推理能力，在实践活动中发展合情推理。

（二）素养要求

2011年版课标明确指出："应用意识有两个方面的含义，一方面有意识地利用数学的概念、原理和方法解释现实世界中的现象，解决现实世界中的问题；另一方面，认识到现实生活中蕴涵着大量与数量和图形有关的问题，这些问题可以抽象成数学问题，用数学的方法予以解决。"

（三）教学建议

"综合与实践"是小课题研究的过程，一般要经历"提出问题—设计方案—操作实施—成果评价"四个活动过程。"综合与实践"教学要充分发挥学生的主动性，培养和发展学生的数学思考，要针对小学生的年龄特征和认知水平，认真研读课标，细化目标要求，明确学段目标定位。在实施教学中，教师应创设有利于探索的问题情境，引导学生把问题转化成研究小课题，经历相对完整的学习活动过程。

**二、教材分析**

"综合与实践"往往要综合应用数学知识、基本技能、数学思考、解题策略、活动经验等探究要解决的问题，"自行车里的数学"让学生综合运用比例、测量、圆的周长以及排列组合等数学知识和方法，动手实践解决问题，增强学生应用数学的意识。

教材主要研究两个问题：一是普通自行车的速度与其内在结构的关系；二是变速自行车能变化出多少种速度。

教材呈现"提出问题—分析问题—建立数学模型—求解—解释与应用"的解决问题过程，在活动中获得运用数学解决实际问题的方法，加深对所学知识及其相互关系的理解。教材呈现以下活动过程：

一是提出问题。"蹬一圈，能走多远"，引出孩子对自行车里的数学问题的研究。

二是分析问题。探究解决问题的方案：可以直接测量，但误差较大；还可以用车轮的周长乘上后齿轮转的圈数，计算蹬一圈车子走的距离。

三是建立数学模型。研究发现：蹬一圈的路程＝车轮的周长×（前齿轮的齿数∶后齿轮的齿数）。

四是收集数据并求解。测量并代入数学模型，求出答案。

五是解释与应用。研究变速自行车能变化出多少种速度，再一次让孩子经历“收集数据—建立数学模型—代入数据、求解—解决问题”的过程，借助圆、排列组合及比例的相关知识尝试实践应用。围绕“变速自行车能变化出多少种速度”“变速自行车是如何实现变速的”“蹬同样的圈数，哪种组合使自行车走得最远”等问题尝试解释应用。

在实践活动中，鼓励学生综合所学的知识、技能、思想、方法、数学思考和基本活动经验解决一些生活、社会中的问题，并对问题作出合理的解释，激发学生的创造潜能，培养学生的创新意识，提升学生的实践能力。

自行车里的数学

活动1

找一辆普通自行车，测量出以下数据。

| 前齿轮齿数 | 后齿轮齿数 | 车轮半径 |
| --- | --- | --- |
| | | |

这辆自行车蹬一圈，能走多远？



利用前面所学的比例知识，试一试！

想一想：前、后齿轮的齿数与它们的转数有什么关系？



前齿轮齿数 × 前齿轮转数 = 后齿轮齿数 × 后齿轮转数

蹬一圈的路程：________

活动2

找一辆变速自行车，测量出前、后齿轮齿数，看看有多少种组合。

| 齿数比（前齿轮齿数／后齿轮齿数） | | |
| --- | --- | --- |
| | | |
| | | |
| | | |
| | | |
| | | |

思考：蹬同样的圈数，哪种组合使自行车走得最远？

【本真设计】

## “自行车里的数学”本真设计

福建省莆田市秀屿区实验小学　郑颖

| 年　级 | 六年级 | 课　题 | 自行车里的数学 |
| --- | --- | --- | --- |
| 教学内容 | 《义务教育教科书·数学》（人教版）六年级下册第67页 | | |
| 学情分析 | 知识经验：“自行车里的数学”是在“比例”之后安排的一个“综合与实践”活动，旨在让学生综合运用所学的测量、圆的周长、排列组合、反比例关系等知识解决实际问题。在这之前，学生学过“打电话”“营养午餐”等综合实践课，积累了有目的、有设计、有步骤、有合作的实践经验，有了一定的探究经验和应用意识。<br>心理特征：六年级的学生已经具备了观察、抽象和分析能力，能从日常生活中抽象出富有挑战性的数学问题，能主动提出问题并解决问题，具有一定的创新意识和实践能力。 | | |

续表

<table>
<tr><td>教学目标</td><td colspan="3">1. 使学生综合运用所学的知识解决实际问题，经历“提出问题—分析问题—建立数学模型—求解—解释与运用”的问题解决的基本过程。<br>2. 经历问题解决的基本过程，获得运用数学知识解决实际问题的方法，同时加深对所学知识及其相互关系的理解。<br>3. 体会数学与生活的广泛联系，学会用数学的眼光观察生活、思考生活，体会数学的应用性。</td></tr>
<tr><td>教学重点</td><td colspan="3">通过实践活动，研究普通自行车的速度与其内在结构的关系，研究变速自行车能变化出多少种速度的组合。</td></tr>
<tr><td>教学难点</td><td colspan="3">研究普通自行车的前、后齿轮数与它们的转速的关系。</td></tr>
<tr><td>教学准备</td><td colspan="3">自行车、卷尺、粉笔、实验报告单等。</td></tr>
<tr><td colspan="4">教学过程预设</td></tr>
<tr><td></td><td>基于“本”的思考</td><td>基于“真”的设计</td><td>设计意图</td></tr>
<tr><td>教材分析</td><td>【知识本源分析】<br>“自行车里的数学”是一节综合实践活动课，自行车是学生日常生活中经常使用的交通工具之一。虽然大多数学生从小就会骑自行车，从表面上看似乎有较为丰富的生活经验，但是他们很少去观察和思考自行车为什么会运动，运动和什么有关联等等问题，很难跟数学联系起来。因此，要从本源处提出研究问题。主要从两个方面进行：一是从生活经验方面寻找骑自行车时运动的直接经验，沟通生活与数学的联系；二是从知识经验方面寻</td><td>【知识真相把握】<br>“综合与实践”中的“综合”是指在活动中应注重数学与生活、数学与其他学科之间、数学知识内部联系与综合运用；“实践”是指在活动中要注重学生积极思考、动手操作、合作交流等经验的培养。“综合与实践”的真相把握从三方面进行：<br>一是突出数学与生活的联系。创设学生熟悉并且感兴趣的情境，引发学生探索欲望，主动提出问题，沟通联系。<br>二是凸显数学内部的综合。“自行车蹬一圈能走多远”就</td><td>六年级的学生已经具备了观察、比较、抽象和分析问题能力，在实践活动中，放手让学生从本源处提出关于自行车的实际问题，围绕问题的解决，引导学生设计研究方案，尝试自己解决。在解决问题中，充分调动学生的已有知识、经验和方法，引导学生主动探索、合作交流，综合运用所学知识解</td></tr>
</table>

续表

| | | | |
|---|---|---|---|
| | 找认知的基础，从蹬一圈有多远，引发学生对圆的周长、排列组合、比例等知识经验，从数学角度提出问题。准确把握知识本源，在本源处找准学生的学习起点，激发学生的知识基础和活动经验，结合实际情况引导发现。 | 综合了图形与几何（测量、求周长）和数与代数（正反比例的实际运用）的灵活运用，体现综合性。<br>三是积累数学建模的经验。通过两次活动探究，使学生亲身经历“提出问题—分析问题—建立模型—求解验证”的实践过程，积累数学探究的经验。 | 决问题，使学生在综合实践中积累探究经验，培养学生的主动探究意识和综合实践能力，提高分析问题和解决问题的能力。 |
| 课堂预设 | 【数学本质理解】<br>一、对本质的理解<br>“综合与实践”有别于学习具体知识的探索活动，更有别于课堂上教师教授新知的直接传授。其数学的本质是教师通过问题引领学生全程参与、实践过程较完整的学习活动。<br>“自行车里的数学”的本质是结合自行车的实物研究蕴含其中的数学问题，综合应用所学的知识、能力、思想、方法和经验解决问题。在引导学生观察交流的基础上提出研究的问题：<br>①从普通自行车的内在结构的关系，提出：普通自行车蹬一圈能走多远？<br>②从变速自行车能变化出多少种速度，提出：变速自行 | 【课堂真实预设】<br>一、融入情境，提出问题<br>以莆田微笑自行车为活动情境。提出问题：你还想研究自行车中的哪些数学问题？<br>预设：<br>①自行车轮滚动一圈，就是自行车车轮一周的周长；<br>②自行车是怎样前进的？前齿轮和后齿轮有什么关系？<br>③自行车蹬一圈能走多远？<br>④变速自行车是怎样变速的？<br>二、设计方案，操作实施<br>活动一：研究普通自行车蹬一圈能走多远<br>提问：你们准备如何研究和解决这个问题？<br>预设：<br>1. 测量法：借助米尺直接测量，将自行车蹬一圈，再用米尺测量出两点之间的距离。 | 环节一：提出<br>创设真实情境，以疑激趣，引发学生的好奇心和求知欲，引导学生从数学的角度提出研究话题，教师要充分预设学生的问题，并适时筛选、甄别、启发和提炼，步步为营，引导学生提出有价值的研究问题，培养学生的问题意识。<br>环节二：实践<br>活动 1：探究普通自行车蹬一圈能走多远，激发学生用测量法和计算法两种方法进行探究。通过动手操作（直 |

续表

| | | | |
|---|---|---|---|
| | 车是怎样变换速度的？<br>二、对本质的突破<br>①提出研究问题。要创设有利于学生发现的问题情境，使学生置身情境之中，用数学的眼光收集信息，提出要研究的问题。<br>②设计研究方案。针对提出的问题引导交流讨论、思维碰撞，设计解决问题的最优方案。<br>③引导实施操作。按照设计的方案各司其职，展开研究，用科学的方法观察、记录。<br>④汇报研究成果。梳理研究过程，用数学语言进行表达，引导建构数学模型。 | 2. 计算法：<br>①自行车车轮的周长×转的圈数。<br>②后齿轮的圈数∶前齿轮的圈数＝前齿轮的齿数∶后齿轮的齿数。<br>③蹬一圈自行车的路程＝车轮的周长×（前齿轮的齿数∶后齿轮的齿数）。<br>活动二：研究变速自行车是怎样变换速度的<br>提问：变速自行车是通过改变什么来调节它的速度？在什么情况下变速自行车走得最远？它们有多少种组合？<br>预设：<br>①通过变化前齿轮齿数和后齿轮齿数来改变自行车的速度。<br>②共有 12 种组合，只能变速出 11 种，当前后齿轮相差最大也就是比值最大时，自行车走得最远。<br>三、畅谈收获，课堂延伸<br>提问：这节课你有什么收获？关于自行车里的数学问题你还想研究什么？<br>预设：<br>①解决了哪些问题？经历了哪些过程？应用到哪些数学知识？ | 接测量、计算）、分析问题（填写学习单），初步得出结论，通过对比测量法和计算法，培养学生的应用意识。<br>活动 2：变速自行车有多少种组合？怎样变速走得最远？<br>在活动 1 的基础上，启发引导学生自主探究，结合排列组合与正反比例等知识，引导学生在比较、尝试、反思、调整等活动中尝试探究发现，并得出结论。<br>环节三：延伸<br>畅谈收获时，引导学生对整个问题解决的过程进行回顾、反思与总结，帮助学生积累数学活动经验，培养学生的综合应用能力和实践创新能力，发展 |

续表

<table>
<tr><td></td><td></td><td>②自行车脚蹬时的力度大小与什么有关？</td><td>学生的解题策略，培养应用意识。</td></tr>
<tr><td>学生表现</td><td>【素养本位追求】<br>本真数学构建一个以“学”为中心的数学课堂，让学生成为学习的主人，教师要善于激发学生学习的积极性和主动性，综合运用已有的知识和经验，以问题为导向，驱动学生独立思考、小组合作、自主探索，培养学生的综合素养。基于综合实践活动，通过“提出问题—分析问题—建立数学模型—求解—解释与运用”，培养学生的探究意识和实践能力，引导学生学会初步数学建模，积累数学活动经验，感悟蕴含其中的数学思想。</td><td>【学生真情激发】<br>本真数学立足学生真情，以解决自行车里的问题为载体，引导学生自主参与数学探究过程。教师要营造宽松的环境，感受富有童真的数学实践活动，激发学生的真情。主要体现在：<br>①在熟悉情境中引起好奇心，提出问题，激活问题意识；<br>②在制定方案、小组合作、自主探索中激发求知欲望；<br>③在迁移运用建模中激发学生主动探究的热情；<br>④在回顾反思中，激发质疑的学习习惯。</td><td>本真课堂倡导轻松自由状态下的真实探究，基于学情，立足发展，激发学生真情融入实践活动，教师要认真观察学生的课堂表现，评价学生的探究行为，激发学生的真情，引导经历实践与探索的全过程，实现真实有效的探索实践，体会数学的应用价值与实践意义，培养学生的学科素养。</td></tr>
<tr><td>板书设计</td><td colspan="2">自行车里的数学<br>前齿轮齿数×前齿轮转数＝后齿轮齿数×后齿轮转数<br>前齿轮齿数×1＝后齿轮齿数×后齿轮转数<br>$后齿轮转数=\frac{前齿轮齿数}{后齿轮齿数}$<br>$蹬一圈自行车的路程=车轮的周长\times\frac{前齿轮齿数}{后齿轮齿数}$</td><td>板书直观、完整、清晰地概括主要内容和知识体系，有利于学生综合应用知识解决实际问题，提高解决问题的策略，增强实践能力。</td></tr>
</table>

【本真课堂】

## “自行车里的数学”教学实录与评析

福建省莆田市秀屿区实验小学　郑颖[①]　执教

福建省莆田市秀屿区教师进修学校　唐少雄　　评析

### 一、融入情境，提出问题

师：同学们，随着时代的发展和科技的进步，我们出行的交通工具也发生着日新月异的变化。为了创建绿色环保、生态健康的低碳出行，莆田市目前已建了九百多个公共自行车站点，解决了城市交通“最后一公里”的难题（课件动态出示微笑自行车）。自行车是低碳出行最好的交通方式。关于自行车你知道了些什么？

生：普通自行车、变速自行车、山地自行车等。

师：真好！你了解的是自行车的种类，那自行车上隐藏着已学的数学知识你知道了什么？

生$_1$：自行车的车架是利用三角形的稳定而做成三角形形状。

生$_2$：自行车的轮子是圆形，轮子的轴在圆心上，轮子每根钢线的长就是半径，自行车轮向前滚动一圈，就是自行车的周长。

师：除了这些，其实自行车中还蕴含着丰富的数学知识。今天，咱们就来上一节有趣的活动课：自行车里的数学（板书）。

师：看到这个课题，你有什么疑惑或想了解自行车中的哪些数学知识？

生$_1$：我想知道自行车是如何前进的。

生$_2$：我想知道自行车前齿轮和后齿轮到底有什么关系。

师：这两位同学想知道自行车的内在结构关系。（板书：关系？）

生$_3$：我想知道自行车蹬一圈能走多远。（板书：多远？）

生$_4$：我想知道变速自行车是怎样变换速度的。（板书：变速？）

师：咱们就一一来解决这些问题。首先，咱们一起回忆自行车是如何转动的（视频播放：脚蹬转动时，把力量传给前齿轮，前齿轮转动把力量传到

---

① 郑颖，二级教师，福建省莆田市秀屿区小学数学骨干教师，秀屿区“本真数学研究室”核心成员，多次在市区优质课评选及教师技能比赛中获奖。本课在“秀屿第三届本真数学教学研讨暨优质课评选活动”中荣获一等奖。

链条，链条传到后齿轮，后齿轮转动推动了后车轮转动，后轮转动推动了前轮运动，自行车就前进了)，所以自行车运动是典型的后轮驱动，因此，咱们在骑自行车刹车时，要先刹后轮刹车，预防翻车。

【评析：郑老师从城市公共自行车引入，唤起学生的认知经验和知识经验，以经验为探究的起点，引发学生思考要研究的主体，遵循学生的探究心理，唤起学生的求知欲，从“关系”“多远”“变速”三个关键词确定研究方向，从本源处沟通自行车内部的数学关系及外部的知识联系，为进一步实践应用提供帮助。】

**二、设计方案，操作实施**

1. 普通自行车蹬一圈能走多远?

(1) 让学生以小组为单位，讨论研究解决问题的方案。

师：要研究一辆普通自行车蹬一圈能走多远，你们准备如何解决这个问题？小组交流讨论把认为可行的方法写下来。

方案1：测量法

生$_1$：借助米尺直接测量，将自行车蹬一圈，在地面上标记它的起点和终点，再用米尺测量出两点之间的距离，就是自行车蹬一圈走了多远。

师：说得真好，咱们一起来看看这种方法是如何操作的。(视频播放) 能明白吗?

师：小组先交流讨论你们组要怎样分工合作测量自行车蹬一圈能走多远的距离。要求分工明确，做到每个组员都参与其中，最后填写活动报告单。

实验报告单1：第（　　）组　自行车蹬一圈能走（　　）厘米。

师：哪组来交流测量的过程和方法?

生$_1$：我们组是这样测量的：将自行车放稳后，两人扶着自行车的车头，一人在自行车的后轮着地点做上记号，之后两人握着自行车的脚踏板向前转动一周使自行车前进，再做上记号。最后两人拉着米尺测量起点到终点的距离，就是自行车蹬一圈的距离。

师：语言表达得非常清楚，掌声送给这组的所有成员。用这种方法测量的小组也是这样的吗？真好，结果如何呢?

生$_1$：我们组测量的结果是224厘米。

生$_2$：我们组测量的结果是245厘米。

生$_3$：我们组测量的结果是 239 厘米。

生$_4$：我们组测量的结果是 251 厘米。

师：诶，同样大小的自行车测量出的结果为什么不一样呢？听到不相同的数据你有什么想说的呢？

生：测量误差比较大。

师：是啊！利用测量的方法探究自行车蹬一圈能走多远，虽然直观，但误差比较大。有什么好方法可以减小误差呢？

方案 2：计算法

师：咱们学习研究新知识，一般都是在旧知识、旧经验的基础上进行学习的，想一想除了测量法还有什么好方法？

生：计算，可以用车轮周长×转的圈数。

师：求车轮的周长咱们只要测量它的半径或直径就可以计算出来，这是学过的知识，那转的圈数呢？是一圈吗？

生：自行车前齿轮和后齿轮的大小不一样，所以踏板蹬一圈车轮转的不是一圈，踏板蹬一圈只是前齿轮转了一圈，后齿轮转的不止一圈。

师：说得真好，咱们知道自行车是典型的后轮驱动，前齿轮转过一个齿，后齿轮也转过一个齿，所以转的圈数其实就是研究前齿轮与后齿轮转动圈数之间的关系。它们之间到底有什么关系呢？需要知道哪些数据呢？

生：前齿轮数、后齿轮数。

师：是不是这样呢？同样的，小组合作交流讨论你们组要怎样研究、怎样分工合作，要求分工明确做到每个组员都参与其中，最后填写实验报告单 2，为了更好地研究可以把自行车搬到桌子上，同时在研究的过程中要注意安全。

实验报告单 2：第（　　）组　实验课题：踏板蹬一圈，自行车能走多远？

①车轮的直径是（　　）cm。

②前齿轮有（　　）个齿，后齿轮有（　　）个齿。

③前齿轮的齿数×前齿轮转的圈数＝后齿轮的齿数×（　　　　　　）。

根据以上规律，得出：后齿轮的齿数∶前齿轮的齿数＝（　　　　　　）。

④前齿轮转一圈，后齿轮转（　　　）圈，后车轮转（　　）圈。

⑤结论：

蹬一圈自行车走的路程＝（　　　　　）×（　　　　　）。

⑥踏板蹬一圈：自行车走了（　　）cm。(得数保留整数)

师：学习就是这样需要在思考、交流、讨论中得到知识；哪一组先来汇报你们组的活动结果？

生：我们是第3组，我们组测量的直径是40厘米，通过数一数知道，前齿轮有28个齿，后齿轮有14个齿。我们得到前齿轮的齿数×前齿轮转的圈数＝后齿轮的齿数×后齿轮转的圈数。

师：到这有问题想问他吗？

生：为什么前齿轮的齿数×前齿轮转的圈数＝后齿轮的齿数×后齿轮转的圈数？

生：因为前齿轮和后齿轮是通过链条连接起来的，在转的过程中发现前齿轮转的总齿数等于后齿轮转的总齿数，所以就得到了前齿轮的齿数×前齿轮转的圈数＝后齿轮的齿数×后齿轮转的圈数。

师：还有问题吗？那老师有个问题想问，假设你的前齿轮转一圈，转了多少个齿？(28个）那后齿轮也跟着转多少个？(28个）为什么呢？

生：因为前齿轮是通过链条带动后齿轮转动起来的，而链条是一样长的，是一个孔带动一个齿轮，所以前后齿数是一样的。

师：听明白了吗？好，接下去。

生：根据以上的规律得出，后齿轮的圈数∶前齿轮的圈数＝前齿轮的齿数∶后齿轮的齿数。

师：诶，这又是怎样得来的？

生：把它们看成是一个比例的话，根据比例的基本性质：在比例中两个外项的积等于两个内项的积，就得到后齿轮的圈数∶前齿轮的圈数＝前齿轮的齿数∶后齿轮的齿数。

师：同意吗？(同意）接着。

生：前齿轮转一圈，后齿轮转2圈，后车轮也转2圈。

师：后齿轮转两圈是怎样算来的？

生：就是用28除以14等于2。

师：其他组同学的意见呢？同意吗？(同意）那后车轮转了几圈？(2圈)

也就是后车轮转的圈数会等于后齿轮转的圈数。

师：谁把这个结论再说一遍？

生：后齿轮转的圈数等于后车轮转的圈数。

师：也就是后车轮转的圈数会等于后齿轮转的圈数，因此后齿轮转的圈数又等于前齿轮的齿数∶后齿轮的齿数。（板书）得出的结论是？

生：蹬一圈自行车的路程＝车轮的周长×（前齿轮的齿数∶后齿轮的齿数）。

师：也就是说这个转的圈数可以用什么来代替？

生：前齿轮的齿数除以后齿轮的齿数。

师：接着呢？

生：自行车踏板蹬一圈，所走的路程是251cm。

师：你说一说是如何计算出251cm的。

生：用3.14×40×（28÷14）＝251（cm）。（板书）

师：前面3.14×40指的是什么？

生：车轮的周长。

师：28÷14又指的是什么？

生：后齿轮转的圈数，也是后轮转的圈数。

师：谢谢这组的分享，掌声送给这一组的所有成员，请回！你们的结果都和第3组的结果一样吗？（不一样）哪一组不一样？有请！

生：我们是第5组，与第3组不一样的是我们组测出来的直径是43cm，前齿轮一样都是28个，但后齿轮是10个，因为后齿轮不同，所以后轮转的圈数也不同，是2.8圈，因此我们组算出来自行车蹬一圈走的路程是378cm。

师：你们计算方法是一样的吗？

生：一样的，用3.14×43×（28÷14）＝378（cm）。（板书）

师：真好，同样的，掌声送给这一组，请回！还有不一样的吗？

生：我们是第1组，我们组测量的直径与第3组是一样的，都是40cm，前齿轮也一样是28个，但后齿轮是16个，因为后齿轮不同，所以后轮转的圈数也不同，是1.75圈，因此我们组算出来自行车蹬一圈走的路程是220cm。

师：为什么，同样是蹬一圈，三个小组自行车所走的路程却不一样？

生：因为测出来车轮的直径不同，前齿轮齿数与后齿轮齿数不同，所以算出来的一圈所走路程就不同。

师：说得真好！看来自行车的路程是和车轮的周长以及车轮转的圈数有关系的。

【评析：郑老师以“一辆普通自行车蹬一圈，能走多远”引发学生讨论解决问题的策略，学生自然而然想到绳测法，找到学生解决问题的本源性策略，并借汇报结果的不同，引出用“车轮周长×转的圈数”进行计算。研究之前，郑老师继续追问：转的圈数是一圈吗？引导学生根据自己的生活经验理解：踏板蹬一圈只是前齿轮转了一圈，后齿轮转的不止一圈。找到解决问题的关键：前、后齿轮总数相等。郑老师始终把学习的主动权交给学生，让学生在实践中发现：“前齿轮的齿数×前齿轮转的圈数＝后齿轮的齿数×后齿轮转的圈数”“后齿轮的圈数：前齿轮的圈数＝前齿轮的齿数：后齿轮的齿数”，再推导出：蹬一圈自行车的路程＝车轮的周长×（前齿轮的齿数：后齿轮的齿数），计算蹬一圈的路程。】

2. 研究变速自行车是怎样变换速度的。

师：正是运用这个原理，我们科学家发明了变速自行车，你们知道变速自行车是通过什么来调节它的速度吗？

生：通过变化前齿轮齿数和后齿轮齿数来改变自行车的速度。

师：是的，通过变化前后齿轮的齿数，就可以改变自行车的速度。请看，这辆变速自行车前齿轮有两种，齿数分别是 48 和 40，后齿轮有 6 种齿数，分别是：28、24、20、18、16、14，想一想，它们有多少种组合？

生：应该有 12 种组合，分别是：48 和 28、48 和 24、48 和 20、48 和 18、48 和 16、48 和 14；40 和 28、40 和 24、40 和 20、40 和 18、40 和 16、40 和 14。

师：（掌声）有这样 12 种组合，下面就请小组长拿出实验报告单 3，共同完成，求出前后齿轮的最简整数比。

（生汇报 12 种最简整数比，同步课件出示表格。）

师：这里有 12 种组合，那么真正改变自行车速度的有几种？想一想。

生：只能变化出 11 种速度，因为 2∶1 重复了，只能算一种。

师：同意吗？（同意）

师：诶，很多时候我们都会关注，这 11 种组合组成的变速自行车，哪一种组合能使自行车走的速度最快？哪一种走的速度最慢？

生：前后齿轮相差最大的那一种。

师：相差最大，也就是它的什么最大？

生：比值最大。

师：因为自行车的周长是不变的，当齿轮数比值越大时，车轮走的圈数就越多，自行车走得就越远。想一想骑车人就会越怎样呢？

生：越费力，越辛苦。

师：反知，齿轮比值越小越接近 1 时，虽然走得会比较慢，但是越省力，越不辛苦。

【评析：在研究“变速自行车是怎样变换速度的”这一问题上，郑老师放手让学生自主研究，从前齿轮 2 种齿数，后齿轮 6 种齿数，可以变换多少种排列组合，再到“哪一种组合能使自行车走的速度最快”“哪一种走的速度最慢”，再研究齿轮数比值的关系，结合数学探究经验理解怎样做到变速，变速的依据和省力的原因。学生在亲身经历实践活动中学会有理有据的推导、思考和理解，学会实践探究的方法。】

**三、成果评价，课堂延伸**

师：这节课你有什么收获？

生：购买自行车时应该了解自行车的周长，以及前后齿轮数，这样就可以知道骑这辆自行车会不会劳累。

师：能学以致用，真好，还有吗？

生：……

师：收获满满的一节课，生活中处处有数学知识，只要咱们多留心，有一双发现数学的眼睛，多思考、多实验、多交流，就会发现有趣的数学知识。这节课咱们研究了自行车中的一些数学知识，其实自行车中还有数学问题，比如：变速自行车中的“18 速”“21 速”指的是什么？自行车脚蹬时的力度大小与什么有关？有兴趣的同学可以利用课后的时间进行研究。

师：最后，老师有句话要送给全班同学们，只有一条路不能选择——那就是放弃的路；只有一条路不能拒绝——那就是成长的路。

【评析：结合学生的探究经验，交流研究心得，并对实践活动进行认真的梳理、分析与归纳，对学生展示的实践成果进行分析、指导、评价，肯定他们的活动收获，总结、反馈活动成果。在此基础上，郑老师进一步提出问题：变速自行车中的“18速”“21速”指的是什么，自行车脚蹬时的力度大小与什么有关等，把活动过程从课内延伸到课外，引导学生应用和反思，深化主题实践活动，提升实践活动效益。】

【本真综评】

## 融入真情实践　提升综合应用

《2011年版课标》在教学建议中提出：“综合与实践是教师通过问题引领、学生全程参与、实践过程相对完整的学习活动。”郑老师创设有利于探索的问题情境，引导学生把问题转化成研究小课题，引导学生经历“提出问题—设计方案—操作实施—成果评价”完整的活动过程，彰显本真探究模式。

**一、融入情境，指导选择研究问题**

由于自行车是学生生活中常见的而且感兴趣的话题，郑老师以城市公共自行车引入，为学生提供提出问题的机会，在这一问题情境中，引导学生构思选题，以自行车为研究载体引导学生提出有价值的研究问题：自行车是如何前进的？自行车前齿轮和后齿轮到底有什么关系？自行车的内在结构关系如何？自行车蹬一圈能走多远……这些问题的提出都基于学生对自行车的好奇和疑问，都来自学生对身边事物的数学认识。于是，教师在学生提出的疑问中抽象出“关系”“多远”和“变速”三个关键词，并进一步提炼要研究的主题：自行车蹬一圈能走多远？变速自行车是怎么变速的？这些选题来自教材，也是学生自主选择的，具有很强的研究价值和实践意义。正是由于教师放手让学生自己选题，为学生提供发现和提出问题的机会。

**二、真情交流，指导设计研究方案**

在活动开展之前，郑老师组织学生对研究的问题进行充分讨论，提出解决问题的方法和步骤，制定科学合理的研究方案。郑老师以研究普通自行车蹬一圈能走多远，引导学生讨论解决问题的策略，从绳测法的误差，到计算方法中转的圈数，对探究的问题展开交流，对活动方案的制定、材料的准备、人员的分工等做充分的论证，如在研究普通自行车需要什么工具测量经过的路程，如何做好分工记录自行车前后轮的齿数，观察转动中齿数与转数的变化，在研究变速自行车时，先进行排列组合的计算，再记录变速自行车中前后轮齿数的不同情况，引导学生思考如何变速，能有多少种变速方案，讨论引起变速的原因等。郑老师关注不同学生的差异，创造条件引导全体学生都参与到方案的制定过程，指导做好小组分工合作，明确各自职责，充分预设活动可能存在的问题或困难，做好活动材料与资源准备工作，确保活动如期保质进行。

**三、全程参与，指导研究操作实施**

在实践活动开展过程中，郑老师全程跟踪、全程关注、全程指导，引领学生自主参与、全程参与，积极动脑、动口、动手。重点指导学生对活动过程的记录和活动资料的整理，重在激励、点拨、启发和引导。如在探究普通自行车内在结构关系时，郑老师指导学生实践体验转动踏板观察带动后轮转动，采用工具进行测量和记录。指导学生观察比较前后轮齿数与转数的关系，并探究它们的内在结构关系："前齿轮齿数×前齿轮转数＝后齿轮齿数×后齿轮转数""后齿轮的圈数∶前齿轮的圈数＝前齿轮的齿数∶后齿轮的齿数"，在此基础上推导出：蹬一圈自行车的路程＝车轮的周长×（前齿轮的齿数∶后齿轮的齿数）。在探究"变速自行车能变化出多少种速度"时，则放手让学生主动参与实践活动，激活他们的创造潜能，适当放手让学生自主探究，自己算出变速自行车前、后齿轮齿数，把实际调查结果整理成表格，应用排列组合知识排列出所有结果，并实践体验变速自行车能变化出多少种速度。同时，郑老师激发学生从数学的角度思考：自行车是如何实现变速的？引导学生计算前、后齿轮齿数的比值，把生活问题数学化，用抽象的数学方法进行推理，激发他们的创造性思维。通过列表、比较、推理、辩论，学生会发现：前、后轮齿数比的比值越大，自行车就走得越远。最后，郑老师不失时机地激发学生的创新思维，启发继续思考：变速自行车中的"18 速""21 速"指的是什么？自行车脚蹬时的力度大小与什么有关？鼓励学生课外进一步研究，从课内向课外延伸，激发学生的创造潜能，提升学生的实践能力。

# 第五节　“数学广角”案例分析

## “集合”与数学思想

【本真解读】

**一、课标解析**

（一）目标要求

2011年版课标在“课程目标”的“总目标”中明确提出：“通过义务教育阶段的数学学习，学生能获得适应社会生活和进一步发展所必需的数学的基础知识、基本技能、基本思想、基本活动经验。”同时，在“数学思考”中又明确要求：“学会独立思考，体会数学的基本思想和思维方式。”

2011年版课标在“教材编写建议”关于设计弹性教材内容中指出：“编入一些拓宽知识或者方法的选学内容，增加的内容应注重于介绍重要的数学概念、数学思想方法，而不应该片面追求内容的深度、问题的难度、解题的技巧。”显然，“数学广角”属于人教版教材编写的弹性内容，主要是渗透数学思想方法，教材往往通过学生日常生活中一些简单的事例渗透重要的数学思想方法。

在三年级的“数学广角”安排了“集合”，通过直观和实际操作，使学生经历“集合”的探究过程，对一些简单的实际问题加以“模型化”，会用“集合”加以解决，使学生感受数学的魅力，促进逻辑推理能力的发展，培养分析、推理、解决问题的能力以及探索数学问题的兴趣，积累探究数学的基本活动经验。

（二）素养要求

2011年版课标明确指出：“数学思想蕴涵在数学知识形成、发展和应用的过程中，是数学知识和方法在更高层次上的抽象与概括，如抽象、分类、归纳、演绎、模型等。”

（三）教学建议

数学思想是人们从某些具体数学内容和对数学的认识过程中抽象概括出来的，对数学知识内容的本质认识，对所使用的方法和规律的理性认识。集合思想是数学中最基本的思想，学生在低年级时就已经开始接触借助集合思想思考问题。集合思想在日常生活中有着广泛的应用，也是今后进一步学习数学的基础。通过观察、操作、猜测、推理与交流等数学活动，让学生体会蕴含其中的数学思想，激发学生的探究兴趣与欲望，培养和发展学生的数学思维，逐步形成科学严谨的思维习惯，提高分析问题、解决问题的能力。

**二、教材分析**

小学低年级数学学习中就已经开始运用集合的思想方法。如一年级下册的“分类”，以及一些数的认识需要用到集合圈等，对于这些，学生能用已有的经验来理解。在后续的学习活动中也会经常运用到维恩图表示关系，如三角形的分类、四边形的集合、倍数集合、因数集合以及公倍数、公因数集合等。因此，本课学习是让学生体会并感悟集合思想，能运用集合解决生活中的实际问题，为今后数学学习奠定基础。

**1** 下面是三（1）班参加跳绳、踢毽比赛的学生名单。

| | | | | | | | | | |
|---|---|---|---|---|---|---|---|---|---|
| 跳绳 | 杨明 | 陈东 | 刘红 | 李芳 | 王爱华 | 马超 | 丁旭 | 赵军 | 徐强 |
| 踢毽 | 刘红 | 于丽 | 周晓 | 杨明 | 朱小东 | 李芳 | 陶伟 | 卢强 | |

参加这两项比赛的共有多少人？

想一想：可以怎样列式解答？

本课渗透集合思想，教材呈现“三（1）班参加跳绳、踢毽比赛的学生名单”，引导学生解决参加两项比赛的人数共有多少人的问题，让学生通过观察、操作、猜测、推理与交流等活动，初步感受蕴含其中的数学思想，以及借助集合圈解决问题的方法，发展学生解决问题的策略，形成良好的数学素养。教材中体现以下几点：

1. 基于生活经验提出问题。

教材用统计表的形式呈现三（1）班参加跳绳、踢毽子比赛的学生名单，提出要解决的问题：参加这两项比赛的人数共有多少人？教材呈现学生的活动情境，鼓励学生自主探索，思考解决问题的方法。学生在生活中遇到类似的问题情境，生活经验告诉他们重复的只算一次，于是，一一列举出参加两项比赛的学生姓名（两个集合的元素），把重复的连起来（找到交集的元素），用连线找到重复的学生姓名，算出一共参加比赛的人数。

2. 基于探究经验尝试解决问题。

教材呈现完整的集合图，让学生体会在求两个集合的并集时，它们的公共元素在并集中只能出现一次，在填写集合图过程中，理解集合圈每一部分的含义及其运算的方法，从中体会集合元素的特性，即：互异性和无序性，认识并体会集合的运算有交集、并集。围绕“可以怎样列式解答”，让学生根据集合图，用计算解决求两个集合的并集的元素个数的问题，最后，可以脱离具体的集合元素，从集合基数（元素个数）的角度思考解决问题的方法。

3. 基于数形结合感悟集合思想。

教材注重借助维恩图表示集合及其运算，借助维恩图直观、形象地表达数量间的关系，维恩图解决比较复杂的问题更能显示出它的优越性。例题介绍了用维恩图表示集合及其运算的方法，帮助学生理解集合的相关知识以及集合中各元素表示的意义，让学生掌握画维恩图的方法解决生活中的集合问题，重在借助数形结合解决问题，理解并感悟集合思想在解决问题中的作用。

【本真设计】

## “集合”本真设计

福建省莆田市秀屿区东峤中心小学　陈少敏

| 年　级 | 三年级 | 课　题 | 数学广角——集合 |
|---|---|---|---|
| 教学内容 | 人教版三年级上册第九单元“数学广角——集合” | | |
| 学情分析 | 知识起点：集合思想是数学学习中的重要思想之一，从一年级起就开始渗透集合，但只是简单的重复现象，对于两个集合的运算停留在关系的理解，未出现维恩图的表示，这为集合的教学提供基础和经验。<br>认知起点：学生能够初步用画图的方法表示集合所有的元素，并能借助图形直观列式解答，但对用维恩图表示关系，在认知上存在一定的困难。<br>思维特点：集合是比较系统、抽象的数学思想方法，针对三年级学生的认知水平，他们的思维还是以具体形象思维为主，可以借助学生的生活经验直观表示其中的数量关系，体会蕴含其中的集合思想。 | | |

续表

| | | | |
|---|---|---|---|
| 教学目标 | 1. 让学生经历维恩图的产生过程，初步理解集合知识的意义。借助直观图，利用集合的思想方法解决简单的实际问题。<br>2. 经历活动过程，在猜想、验证、思考、交流等探究活动中发展学生的探究意识与探究能力。<br>3. 培养学生善于观察、善于思考的学习习惯，感受到数学在现实生活中的广泛应用，尝试用数学的方法来解决实际生活中的问题，体验解决问题策略的多样性。 | | |
| 教学重点 | 学会用集合的思想方法思考和解决简单的实际问题。 | | |
| 教学难点 | 理解集合图的意义，会解决简单的实际问题。 | | |
| 教学准备 | 自制 PPT 课件、学习卡片等。 | | |
| 教学过程预设 | | | |
| | 基于“本”的思考 | 基于“真”的设计 | 设计意图 |
| 教材分析 | 【知识本源分析】<br>集合是现代化数学的基本语言，可以简洁、准确地表达数学关系。集合思想是数学中最基本的思想，集合理论是数学的基础。学生从一年级数学学习时，就开始接触集合思想了。例如，学习数数时，利用维恩图表示集合的方法，在比较多少时，初步体会了集合元素之间建立的一一对应关系。本课安排在“数学广角”部分，教材先展示学生运用连线法解决问题的例子，再介绍画维恩图的方法，最后还让学生自己列算式解答。这样编排符合学生的认知规律，教师要 | 【知识真相把握】<br>在数学中，经常用平面上封闭曲线的内部代表集合，这种图称为维恩图。这种表示方法直观、形象，尤其对于解决比较复杂的问题更能显示出它的优越性。但对于两个集合的交集和并集，尤其是交集的体会并不多。而且，在学习用画图的方法解决问题时，更多的是用列举的方法画出集合所有的元素，没有将一个集合的元素圈出来的经验积累。因此，教师要把握知识真相，重在介绍用维恩图表示集合及交集、并集的方法，渗透集合思想，让学生体会集合的概 | 充分利用几何直观展开“对话式”的教学。让学生在讨论对话中理解用维恩图来表示“重叠现象”的方法，了解到维恩图各部分的意义，特别是重叠部分（交集）的意义，理解根据维恩图列式计算的道理，使学生在观察、发现中获得深刻的认知体验，帮助学生建立数学模型。学会用集合的思想 |

续表

| | | | |
|---|---|---|---|
| | 根据学生的实际情况把握好学习起点和认知目标。 | 念及集合的交集、并集，学习用集合的思想方法思考和解决简单的实际问题，为在后续学习用维恩图表示概念间的关系奠定基础。 | 方法思考和解决简单的实际问题，为今后的学习积累基本活动经验。 |
| 课堂预设 | 【数学本质理解】<br>一、对本质的理解<br>集合思想虽然在小学数学教学中有广泛的渗透，但并不是必须掌握的内容。教学落脚点不是掌握与集合有关的概念，也不是熟练掌握计算的方法，而是让学生经历维恩图的形成过程，借助维恩图表示集合及其交、并集，帮助学生理解集合的知识，感悟蕴含其中的集合思想，积累数学活动经验。<br>二、对本质的突破<br>基于对集合本质的理解，在形成建构的过程中从以下三方面进行突破：<br>一是结合生活经验感知。在创设生活情境，选取生活中常见典型实例，利用排队找班长的过程中，既激活了学生的已有经验，又在思维碰撞、交流讨论 | 【课堂真实预设】<br>一、情境引入，激活经验<br>1. 创设问题情境。<br>排队问题：从左数他是第4个，从右数他也是第4个，这个组一共有多少个同学呢？<br>2. 尝试独立表达。<br>用你们喜欢的方法试着解决这个问题吧。<br>3. 引导操作实践。<br>4. 引出直观表达。<br>二、积累经验，引发思考<br>1. 初步探究集合问题。<br>学校成立课外活动小组，三（1）班同学参加音乐小组的有7人，参加美术小组的有5人，参加两个小组的一共有多少人？<br>（1）提出猜想。<br>会不会出现新情况？假设4号和5号两个小组活动都参加。<br>（2）操作验证。 | 环节一：激活<br>调动学生的内在需求，有效地激活学生原有的经验，让学生积极主动地投入到学习中去。从画图到列式，不断激发学生的抽象逻辑思维，有效激活学生认知经验，并引发学生的直观想象。<br>环节二：探究<br>充分调动学生的多种感官参与学习，激发学生在原有的经验上进行解构与重组，不断启发学生，使他们的思维不断深入，让集合思想得以渗透、启发和丰富。在探究中理解并建构集合的数学模型。<br>环节三：建模<br>从不重复到重复，从最少重复1个到最多重复5个，学生的思维不断 |

续表

| | | | |
|---|---|---|---|
| | 的过程中初步建立集合圈的表象，初次感知维恩图；<br>二是结合数量关系理解。改变教材已有的呈现方式，利用班长参加班级课外活动小组的例子，自然引入需要探究的集合问题，让学生经历猜想、操作、验证、思考冲突、初步建模等过程，引出维恩图；<br>三是结合认知经验深化。在理解集合的基础上，拓宽学生思维，让学生从集合图的内部关系，抽象出解决类似问题的方法，拓宽学生的思维空间，进一步理解交集与并集。 | （3）思维冲突。<br>（4）初步建模。<br>2. 重叠问题方法探究。<br>（1）独立思考。<br>（2）互动提问：说出每个算式算的是什么。<br>（3）梳理小结。<br>三、总结经验，构建模型<br>（1）大胆猜想。<br>现在是两位重复。还有可能几位重复？<br>（2）展示探究。<br>（3）构建模型。<br>（4）感悟本质。<br>（5）总结优化。<br>四、拓展应用，内化理解<br>（见练习设计）<br>五、回归总结，深化理解<br>在这节课的学习中谁帮了我们很大的忙？那你有什么新的收获呢？ | 得到激活、深化。学生不仅学会用集合思想进行分析，还结合可能性进行解析，进一步理解集合，感悟集合思想。<br>环节四：拓展<br>通过实践应用加深学生对新知的内化与理解，防止学生出现思维固化，并能合理运用新知来解决生活中的问题。 |
| 学生表现 | 【素养本位追求】<br>本课要渗透一种重要的思想方法——集合思想，能用集合思想思考和解决简单的数学问题。同时，要把核心素养落实到课堂实践中，结合学生的生活情境进行数学抽象，经历探究的过程，在解决问题的过程中理解集合 | 【学生真情激发】<br>本真数学注重学生情感体验，注重学生真情的激发。本课从以下三方面进行：<br>①从排队找班长中，引发争论，激发学生原有知识经验，从本源上找到学习起点；<br>②在探究集合模型时，激 | 本真课堂基于学情，立足发展，激发学生真情，在数学建模中，认真观察学生的真实表现，合理评价学生的探究行为，重在激发学生的探究与反思，有利于学生的真情激发，积极主动地参与数学探究与建构过程，实现真实有 |

续表

| | | | |
|---|---|---|---|
| | 的思想，并获得有价值的数学活动经验。借助两个子集之间的相互关系，充分暴露学生的思维过程，进行数学化的过程，帮助学生进行数学建模，体会并感悟集合思想。 | 发学生根据自己的经验进行猜想、验证，引发思维冲突，激发学生探究的欲望，感受集合思想；<br>③在大胆猜想还有可能几个人重复中，体会集合中的交集与并集的多种可能，激发发现的热情。 | 效的数学建构，体会集合思想对解决问题的作用，培养与发展学生学科素养。 |
| 练习设计 | 1. 三（1）班同学中，其中有 12 位同学戴眼镜，有 19 位同学没戴眼镜，三（1）班一共有多少位同学？<br>2. 三（2）班元旦要举办文艺活动，演出歌舞节目的有 9 人，演出小品等节目的有 12 人，两类节目都参加的有 5 人，该班共有多少人参加这两类节目的演出？<br>3. 三（3）班有 35 位同学，每位同学至少参加一个体育项目，参加打篮球的有 20 位，参加跳绳的有 25 位，那么有多少位同学两个项目都参加？ | | |
| 板书设计 | 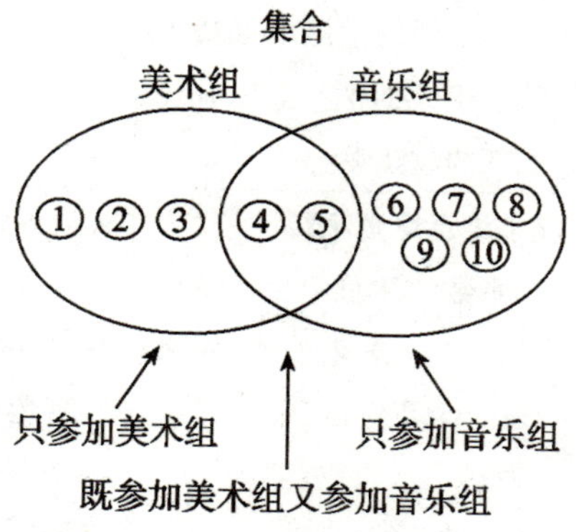 | | 板书直观、完整、清晰地概括主要内容和知识体系，有利于学生对知识的整体把握、建构和运用，提高学习效率。 |

【本真课堂】

## “集合”教学实录与评析

福建省莆田市秀屿区东峤中心小学　陈少敏①　执教
福建省莆田市秀屿区教师进修学校　唐少雄　评析

### 一、激活经验，诱发思考

1. 唤起旧知。

师：听说陈老师要来上课，我班的音乐小王子也想来凑热闹。瞧，他来了，他正在参加我们班音乐小组的排练，他们站成一排，你能告诉我，音乐小组一共有多少人吗？

生：可能是5人，我是根据他们的距离来推测的。

生：那也不一定，我认为可能是10人。

师：看来大家都是在猜测，你能告诉我一个准确的数吗？

生：不能，还得需要一些信息。

师：可以，不过老师的信息可是留给细心的孩子。

师：请听好，从左数他是第4个，从右数他也是第4个，这个组一共有多少个同学呢？

$生_1$：8。

$生_2$：9。

$生_3$：7。

2. 独立解答。

师：到底谁说的对呢？我们还得用事实来说话。

师：请同学们用你们喜欢的方式表达出来，最好能让同学们一目了然看出这一组有多少人。

3. 展示交流。

师：谁愿意上台来展示一下你的想法？

生：用画图法。

---

① 陈少敏，高级教师，福建省莆田市小学数学学科带头人，秀屿区“本真数学研究室”核心成员，多篇论文在《福建教育》等CN刊物发表。本课在“福建省2016年小学数学课堂教学优质课观摩评选活动”中荣获二等奖。

师：真好，借助画图的方法可以使人一目了然地看出来！

生：列式解答。

4+4−1=7（人）。

师：你能说一说这里的4表示什么？为什么要减1？

师：请你在图上找一找，从左数的4在哪儿？从右数的4在哪儿？

生：动手圈出前面4个与后面4个。

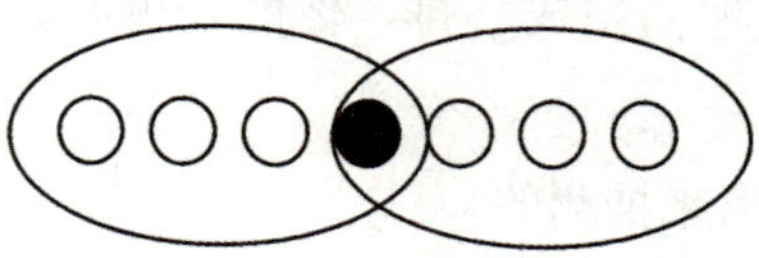

生：我还有一种方法：3+3+1=7（人）。

师：3+3+1=7（人），谁知道他是怎么理解的？

生：他把7人分成三部分，音乐小王子的前面有3人，后面有3人，再加上音乐小王子，一共是7人。

4. 引导发现。

师：今天，我们探讨的排队问题是怎样解决的？

生：中间这一位同学重复了，所以要减去1。

师：解决这个问题，是谁帮了我们很大的忙呢？

生：（齐声）圈圈。

师：这些圈圈图帮助我们解决了问题，今天我们就利用这样的圈圈解决生活中的数学问题。

【评析：教学伊始，为了充分调动学生的内在需求，有效地激活学生原有的经验，让学生积极主动地投入到学习中去，陈老师立足知识本源，找到"集合"生活原型，设计了"音乐组排队"的问题，让学生从画图到列式，初步渗透了数形结合思想，潜移默化中隐藏了集合的思想，从中体会数学探究中画图的重要性，同时也提升了学生的抽象逻辑思维，使学生的数学思维得以培养和发展，也为后续新知的学习埋下伏笔。】

**二、积累经验，丰富表象**

1. 初步探究集合问题。

师：（课件出示）学校成立课外活动小组，三（1）班同学参加音乐小组的有 7 人，参加美术小组的有 5 人，参加两个小组的一共有多少人？

生$_1$：12 人。

生$_2$：12 人。

（1）提出猜想。

师：你能确定是 12 人吗？还有其他答案吗？一定、肯定、十分肯定就真的没有别的情况吗？机会是留给聪明的孩子，再好好想想。

生：是不是有同学两个活动小组都参加？

师：这是很不错的想法，老师就喜欢敢于质疑的孩子。那我们一起去看看。

师：（课件出示学生名单的表格）观察表格，你有什么发现？

| 组别 | 姓名 |
|---|---|
| 美术组 | 杨峰、陈东、刘红、姚明、马云 |
| 音乐组 | 李亮、于丽、周晓、陶伟、丁旭、姚明、马云 |

生：有两位同学两个兴趣小组都参加了。

师：你的眼睛真亮啊！（圈出学生姓名）他们分别是姚明、马云。

师：同学们，记名字有没有觉得太麻烦，要不换一种说法，用他们的座号来代替，好吗？（把名字转化为座号）

| 组别 | 姓名 |
|---|---|
| 美术组 | ①②③④⑤ |
| 音乐组 | ④⑤⑥⑦⑧⑨⑩ |

师：现在再来观察这个表格，你发现了什么？

生：看起来更加简洁，可以马上看出 4 号和 5 号两位同学参加了两个兴趣小组。

师：现在你能不能告诉老师参加两个小组活动的一共有多少人？还能肯定而且十分肯定是 12 人吗？

生：不是 12 人，而是 10 人，我可以肯定地说。

（2）操作验证。

师：好，既然是 10 个人，那我们就用 10 个小圆片来代表 10 个人，黑板左边有号码牌，我请两位同学上台来摆一摆。老师喜欢勇敢自信的同学主动上台来摆，谁愿意上来？

（学生代表上台操作，启发思考）

美术组 音乐组

①②③④⑤ ⑥⑦⑧⑨⑩

（3）思维冲突。

师（问音乐组）：这么大方懂得谦让，你们组现在有 7 个人吗？

生：没有，只有 5 人。

师：那该怎么办呢？4 号和 5 号同学该放在哪个位置？怎样表示更合理？

生：把 4 号放在美术组，5 号放在音乐组。

师：你真是个懂得分享的好孩子，但请注意观察表格，你认为符合要求吗？再想想，好吗？

师：同学们，你们需要下面的小朋友帮忙吗？赶紧打招呼。有办法的赶紧上来，别憋着。

（生画出④号和⑤号）

师：你觉得会有克隆人吗？复制过来的吧？想法挺好，但不符合要求。还有其他的方法吗？

生：我认为应该把 4 号和 5 号放在中间。

师：真是了不起的想法！老师想再问问我们的小老师，美术组的 5 人在哪儿呢？音乐组的 7 人呢？你能不能表示出来？

（4）初步建模。

生：我们圈一圈就可以看出来。

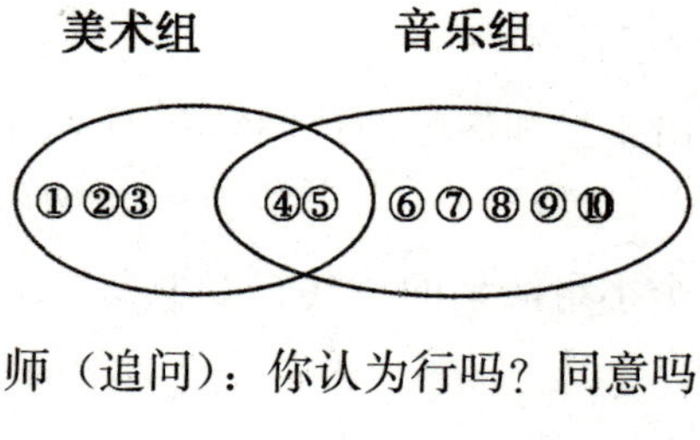


师（追问）：你认为行吗？同意吗？真好，这个圈圈一画就让我们一目了然了。

师：大家看这样圈圈美观吗？为了更美观一些，老师带来了一个朋友："集合圈"贴图。

【评析：充分调动学生的多种感官参与学习，借助已有的知识经验，并不断地引领学生对本源经验上的“集合原型”进行解构与重构，特别是在“能否确定是12人”的思考冲突中，真实展现学生的思维过程，借助上台摆小圆片、抢小圆片、分小圆片、圈小圆片等一系列操作活动过程，引导学生经历集合认知过程，不断启发学生创造性的数学思维，使他们的思维不断深入，让集合圈真实地、立体化地建构在学生的大脑中。】

2. 理解集合的意义。

（1）独立思考。

师：接下来请每个人独立思考，参加两个小组活动的一共有多少人？怎样列算式？

（学生独立完成，老师巡视，让用三种不同方法的学生进行板演，结果如下。）

5＋7－2＝10（人） 5－2＋7＝10（人） 3＋2＋5＝10（人）

（2）互动提问。

师：我们一起来看看这几位同学是怎么想的。我们先来看这个算式：5＋7－2＝10（人），同学们有什么问题要问他的？

生：算式中这个“5”在哪里？“7”在哪里？为什么要减“2”？

生：5是美术组的5人，7是指音乐组的7人，4号和5号这两个人重复了，所以要减去2。

师：再看这个算式：5－2＋7＝10（人），其他同学有什么问题？

生：5－2算的是什么？

生：因为美术组有2人还参加了音乐组，算美术组人数的时候要先把他们去掉，把他们两个都算在音乐组中。

师：再看3＋2＋5＝10（人），你还有什么想要问他的？

生：“3”在哪里？表示什么？

生：“3”是美术组的3人。

生：“2”指什么？

生：“2”是4号和5号。

生：“5”在哪里？表示什么？

生：“5”是音乐组的5人。

师：“2”是音乐组的吗？

生：是的。

师：那么，“2”和“5”这两个数有区别吗？

生：这里的2表示4号和5号两位同学既参加了美术组，又参加了音乐组。

师：我们给这位同学点个赞！这5个人呢？

生：都是音乐组的。

师：“都是”这个词好像还不准确。

生：这5个人只参加音乐组的，没有参加美术组的。

师：他又说了一个词，叫什么？

生：（齐声）“只”。

师：真是了不起的想法，老师为你们感到骄傲，我想此刻不应该吝啬掌声来鼓励我们自己。

（3）揭示课题。

师：同学们，刚才我们也是利用这个圈圈解决了重复的问题。其实在很早以前数学家们就开始使用这个圈圈了，在数学上给它取名为集合圈，用来解决有关集合的问题，它是由一个叫维恩的数学家发明的，所以也把它叫作维恩图。我们一起来认识一下。（课件出示）

【评析：注重学生真情的激发，充分引导学生观察集合图，结合算式理解集合图各部分所表示的意义，在不同的算式中理清所表示的不同含义，观察、比较、分析数量关系，理解集合图的意义，突出集合本质，感悟并理解集合思想，从中体会集合在数学学习中的作用，有利于学生数学素养的发展。】

**三、总结经验，构建模型**

师：看来这个集合圈真不简单，隐藏了这么多的奥秘，赶紧利用刚才的发现来解决一些问题，好吗？请看大屏幕。

1. 引发思考。

师：当参加两组活动的学生不重复的时候，一共有多少人？

生：12人。

师：你们是怎么想的？

生：就是把参加两组活动的人数相加。

师：当重复1人时，现在参加两个小组的一共有多少人？

生：5＋7－1＝11（人）。

师：1代表什么？

生：两个小组都参加。

师：为什么要减去1呢？

生：重复了1人所以要减去1。

师：当重复2人时，现在参加两个小组的一共有多少人？

生：5＋7－2＝10（人）。

师：除了重复2人，还有可能几人重复呢？

（生猜测：3、4、5、6、7）

师：这可不是随便乱猜的，得需要用事实来说话，请同学们跟着课件随老师一起来看一看。

2. 构建模型。

师：当重复3人时，现在参加两个小组的一共有多少人？

生：5＋7－3＝9（人）。

师：当重复4人时，现在参加两个小组的一共有多少人？

生：5＋7－4＝8（人）。

师：当重复5人时，你有什么发现？

生：全重复，美术组都在音乐组里。

师：那美术组的5人在哪儿呢？5代表什么？现在参加两个小组的一共有多少人？

生：5＋7－5＝7（人）。

师：还能不能再重复了呢？现在谁能告诉我参加两个小组活动最少需要多少人？

生：参加两个小组活动最少需要7人。

师：通过刚才解决问题的过程，你有什么发现吗？

生：当两组学生不重复参加时，参加两个小组的人数就是这两组人数的和；当重复时，就是两组人数的和减去重复的人数，最多只能重复到较少的人数。

【评析：从不重复到重复，从最少重复1个到最多重复5个，学生的思维不断得到激活、深入和深化，呈现集合的发生发展过程，凸显集合的真相。

在学生的真情融入中，他们不仅学会用集合思想进行分析，还能结合图形呈现所有的可能，并通过分析、思考，发现蕴藏其中的数学思想，实现对新知进行自主建构，自我完善。】

**四、拓展应用，内化理解**

师：好棒，老师为你们点赞，老师需要你们这种勇于探索的勇气，还想继续吗？这回机会可不多，准备好了吗？

1. 三（1）班同学中，其中有12位同学戴眼镜，有19位同学没戴眼镜，三（1）班一共有多少位同学？

2. 三（2）班元旦要举办文艺活动，演出歌舞节目的有9人，演出小品等节目的有12人，两类节目都参加的有5人，该班共有多少人参加这两类节目的演出？

3. 三（3）班有35位同学，每位同学至少参加一个体育项目，参加打篮球的有20位，参加跳绳的有25位，那么有多少位同学两个项目都参加？

【评析：通过分析没有重复、重复等不同情况，加强了学生反向思维的训练与提升，在并集的情况中加深对新知的内化与理解，防止学生出现思维固化，帮助学生理解并内化集合思想，合理运用新知来解决生活中的实际问题，拓宽思路，学以致用。】

**五、回归总结，感悟思想**

师：不知不觉一节课就要结束了，回顾一下，你有什么新的收获呢？

生：我知道了通过集合图可以解决有关重复的问题。

生：我们学会了利用集合解决排队问题和重复问题，以及重复问题中有三种情况。

师：到底有哪三种情况？如何解决？愿意与大家分享吗？

生：遇到不重复时，就是把两组数据先加再求和；重复时，两组数据和减去重复的数据；全重复时，等于两组数据中较大的数据。

师：你们也收获了这些方法吗？看来集合在我们的生活中还有这么重要的价值，希望同学们能利用今天想到的方法去解决更多有关集合的问题。

【评析：回顾反思的过程，就是将经历变成经验的过程。本环节，教师能够及时引导学生对方法进行总结，在感悟中渗透数学思想，体验集合思想的优势与作用，感受集合思想的魅力与价值。】

【本真综评】

## 落实素养本位　感悟数学思想

### 一、激活经验，确立学习起点

经验存在于学生的思想意识中，经验的激发和利用是本真数学一直追求的理想愿景，通过经验的激活便于找准学习起点，利用经验便于沟通联系，实现知识的正迁移。陈老师从排队的情境引入，这是一个学生熟悉却略有变化的问题，其中蕴含着数学问题和思想方法，这也正是集合的生活原型，找到集合的本源，不同思维水平的学生给出了不同的答案："7人、8人、9人。"谁的对呢？陈老师帮助的点找得非常巧妙，学生对集合思想的学习基础并不是空白的，在一年级起的数数、分类等学习活动中，将若干物体用一条封闭的曲线圈起来，就已经在利用集合的思想方法了。激活学生的生活经验，沟通知识的前后联系，让学生自主动手圈一圈，借助集合图，直观地发现音乐小王子被圈了两次，从而理解了各种算法。从画图到列式，体现了数形结合思想，帮助学生进一步理解算理，发展学生的数学思维，凸显集合的应用价值，培养学生的数学素养。

### 二、引导对话，经历真实建构

数学建构过程是学生数学认知的对比、反思、判断、调整与更新的过程，是数学探究的发现、检验与理解的过程，正确的引导对话与辩论有利于学生对知识的理解、深化和建构。陈老师把例题做了必要的修改，并进一步提问："还会不会出现新的情况？"从集合的观点看，学生以前学过的加法问题就是求两个不相交集合的并集的基数，而本课的重叠问题，则是求两个相交集合的并集基数。陈老师不但精准地找到了学习的起点，而且也找到了集合的本源，在最近发展区搭建了本源与起点的桥梁，有利于正向引导学生自主提问，反思问题，理性分析问题。会不会有同学两个小组活动都参加？这正是本节课要学习的问题，也是数学引向深入的关键问题，敲开了学生的另一扇窗。学生自主提出问题，充分利用直观图展开"对话式"的教学，让学生在讨论对话中理解用维恩图来表示"重叠现象"，了解维恩图中各部分所表示的意义，特别是重叠部分（交集）的意义，理解根据维恩图列式计算的算理，真实展现了学生在观察、比较、发现中获得的深刻的认知体验，真情激发学生的互动式对话，展现集合真相，突出数学本质，引导学生经历真实数学探究过程和数学认知过程，帮助学生建立数学模型，学会用集合思想思考和解决简单的实际问题，发展学生的数学思维。

**三、多元表征，感悟集合思想**

“数学广角”不是教知识，也不是教会解题，而是传递一种思想，分享一种方法。数学思想是数学纵向发展的需要，更是数学横向发展的基石。纵向看，数学思想对数学的发展是一脉相承的，是延续数学研究的思维与导向；横向看，数学思想是沟通各学科间的联系，是其他学科逻辑思维的启迪和发展，更有利于建设整体课程观。陈老师能充分放手让学生尝试解决两个子集之间的相互关系，动态呈现并集间的发展变化，引导学生思考总人数与各子集的关系，突出重复的数与总人数的变化规律，遵循以人为本的教学理念，营造民主、宽松的课堂环境，把课堂还给学生，有利于真实展示学生的思维过程，自主表达观点和看法。在数学理解上，引导学生在图示与算式这两种表征之间进行转换，自主建构，真实展现集合图的几种形式，沟通知识之间的关联，感悟了求并集的基数，每个元素只列举一次的数学本质，在探究中充分感受集合的魅力，实现有意义、有价值的数学建构，从中培养学生严谨科学的理性思维，培养勤于动手、乐于探究的学科素养。

# 参考文献


［1］顾明远. 顾明远文集·第十卷　站在孩子的视角谈教育［M］. 北京师范大学出版社，2018.

［2］余文森. 核心素养导向的课堂教学［M］. 上海教育出版社，2017.

［3］余小茅. 探寻本真教育——雅斯贝尔斯教育思想的文本学解读［M］. 北京师范大学出版社，2015.

［4］中华人民共和国教育部. 义教数学课程标准（2011 年版）［M］. 北京师范大学出版社，2012.

［5］余文森. 学科教学：为核心素养而教——核心素养的教学意义及其培育［J］. 教育研究，2018，(3).

［6］余文森. 论核心素养导向的三大教学观［J］. 当代教育与文化，2019，(2).

［7］余文森. 论学科核心素养的课程论意义［J］. 今日教育，2016，(3).

［8］陈水德. 回归老子自然本真教育辨义［J］. 江南大学学报（人文社会科学版），2012，(4).

［9］唐少雄. 人教版数学教材估算内容变化及教学建议［J］. 教学与管理，2018，(2).

［10］唐少雄. “本真数学”教学主张及构建实践［J］. 小学数学教与学，2019，(9).

［11］唐少雄. 人教版数学教材估算内容变化及教学建议［J］. 教学与管理（小学版），2018，(1).

［12］唐少雄. 人教版估算内容的价值分析［J］. 小学数学教与学，

2018，(9).

［13］唐少雄，徐国裕. 注重过程指导，提升活动效益［J］. 小学数学教与学，2018，(7).

［14］唐少雄. 小学生数学学习中创新意识的培养［J］. 小学数学教育，2015，(9).

［15］唐少雄. “数据分析观念”教学要突出“四性”［J］. 福建教育（小学版），2013，(7).

［16］唐少雄. 本真探究中“真”的关注与“度”的把握［J］. 新教师，2020，(4).

［17］唐少雄. 数学本真教学——“读思达”的影响及作用［J］. 教学月刊（小学版），2020，(10).